世界五千年
科技故事叢書

盧嘉錫題

《世界五千年科技故事丛书》
编审委员会

世界五千年科技故事丛书

窥天地之奥

张衡的故事

丛书主编　管成学　赵骥民

编著　陈　默

吉林出版集团｜吉林科学技术出版社

图书在版编目（CIP）数据

窥天地之奥 ： 张衡的故事 / 管成学，赵骥民主编. -- 长春 ： 吉林科学技术出版社，2012.10（2022.1 重印）
ISBN 978-7-5384-6087-2

Ⅰ.① 窥… Ⅱ.① 管… ② 赵… Ⅲ.① 张衡（78～139）—生平事迹—通俗读物 Ⅳ.① K826.14-49

中国版本图书馆CIP数据核字（2012）第156226号

窥天地之奥：张衡的故事

主　　编　管成学　赵骥民
出 版 人　宛　霞
选题策划　张瑛琳
责任编辑　潘竞翔
封面设计　新华智品
制　　版　长春美印图文设计有限公司
开　　本　640mm×960mm　1 / 16
字　　数　100千字
印　　张　7.5
版　　次　2012年10月第1版
印　　次　2022年1月第5次印刷

出　　版　吉林出版集团
　　　　　吉林科学技术出版社
发　　行　吉林科学技术出版社
地　　址　长春市净月区福祉大路 5788 号
邮　　编　130118
发行部电话 / 传真　0431-81629529　81629530　81629531
　　　　　　　　　81629532　81629533　81629534
储运部电话　0431-86059116
编辑部电话　0431-81629518
网　　址　www.jlstp.net
印　　刷　北京一鑫印务有限责任公司

书　　号　ISBN 978-7-5384-6087-2
定　　价　33.00元
如有印装质量问题可寄出版社调换

序 言

十一届全国人大副委员长、中国科学院前院长、两院院士

路甬祥

放眼21世纪，科学技术将以无法想象的速度迅猛发展，知识经济将全面崛起，国际竞争与合作将出现前所未有的激烈和广泛局面。在严峻的挑战面前，中华民族靠什么屹立于世界民族之林？靠人才，靠德、智、体、能、美全面发展的一代新人。今天的中小学生届时将要肩负起民族强盛的历史使命。为此，我们的知识界、出版界都应责无旁贷地多为他们提供丰富的精神养料。现在，一套大型的向广大青少年传播世界科学技术史知识的科普读物《世

界五千年科技故事丛书》出版面世了。

由中国科学院自然科学研究所、清华大学科技史暨古文献研究所、中国中医研究院医史文献研究所和温州师范学院、吉林省科普作家协会的同志们共同撰写的这套丛书，以世界五千年科学技术史为经，以各时代杰出的科技精英的科技创新活动作纬，勾画了世界科技发展的生动图景。作者着力于科学性与可读性相结合，思想性与趣味性相结合，历史性与时代性相结合，通过故事来讲述科学发现的真实历史条件和科学工作的艰苦性。本书中介绍了科学家们独立思考、敢于怀疑、勇于创新、百折不挠、求真务实的科学精神和他们在工作生活中宝贵的协作、友爱、宽容的人文精神。使青少年读者从科学家的故事中感受科学大师们的智慧、科学的思维方法和实验方法，受到有益的思想启迪。从有关人类重大科技活动的故事中，引起对人类社会发展重大问题的密切关注，全面地理解科学，树立正确的科学观，在知识经济时代理智地对待科学、对待社会、对待人生。阅读这套丛书是对课本的很好补充，是进行素质教育的理想读物。

读史使人明智。在历史的长河中，中华民族曾经创造了灿烂的科技文明，明代以前我国的科技一直处于世界领先地位，涌现出张衡、张仲景、祖冲之、僧一行、沈括、郭守敬、李时珍、徐光启、宋应星这样一批具有世界影响的科学家，而在近现代，中国具有世界级影响的科学家并不多，与我们这个有着13亿人口的泱泱大国并不相称，与世界先进科技水平相比较，在总体上我国的科技水平还存在着较大差距。当今世界各国都把科学技术视为推动社会发展的巨大动力，把培养科技创新人才当做提高创新能力的战略方针。我国也不失时机地确立了科技兴国战略，确立了全面实施素质教育，提高全民素质，培养适应21世纪需要的创新人才的战略决策。党的十六大又提出要形成全民学习、终身学习的学习型社会，形成比较完善的科技和文化创新体系。要全面建设小康社会，加快推进社会主义现代化建设，我们需要一代具有创新精神的人才，需要更多更伟大的科学家和工程技术人才。我真诚地希望这套丛书能激发青少年爱祖国、爱科学的热情，树立起献身科技事业的信念，努力拼搏，勇攀高峰，争当新世纪的优秀科技创新人才。

目 录

北斗星

夏村后边有一片山林，虽然荒芜了，但很有生气。在村庄和那如画的大自然里，显着美妙的风姿。树木交错的枝梢，繁密地伸展开来，颤动的叶子织成的不整齐的穹幕和碧绿的云，停在晴朗的蔚蓝的天空下面。

在山间的小道上，有几个男孩子尽情地玩耍着。孩子们是这样小，山是那样高。他们从一条羊肠小道爬上另一条羊肠小道。山岩向外突出，岩那边发出哗哗的流水声。他们站在树丛中间的一块石头上，放眼望去，就只有茫茫一片的天空了！他们用清脆的声音尽情地欢呼！光着脚板不停地跳啊！跑啊！使全身内外都沐浴着温暖而清新的空

气！

“兔子！”

其中最小的男孩子惊讶地喊道。他瞪着一双亮晶晶的大眼睛，好像发现了珍宝。其他孩子正在打柴，听到喊声，都停止砍柴，帮他来捉兔子。可是兔子时隐时现，他们追过一个山头又一个山头，原先的野兔子找不到了，却捉住了从树丛里冲出来的另一只兔子。

孩子们找不到已经砍下的那些柴了，只得重新再砍。砍好柴，捆好，挑回家时，却迷路了。

他们顺着一条小路走出树林，天已经昏黑了。前面一条小溪拦住去路，小溪上架着石板桥。

大家把肩上的柴担放下来，揩着汗，讨论应该怎样回去。争论了一会儿，没有结果。

年纪最小的男孩不说话。他站在桥上，抬头向空中望着，望了这面，又转过身子望另一面。

这是晴天，天上只有一片淡淡的白云。月亮还没有出来，星星闪烁着。小男孩转了两个圈子，心里又奇怪又焦急地自语道：

“咦，怎么没有了北斗星？”

他再仔细地向四面望去，忽然发现有几颗星星很像北

斗，但却是倒挂的，斗身在上，斗柄在下。

“这是北斗吗？”他犹豫不决地自语着：“为什么它会倒转过来呢？”

他又在天上搜索了一遍，除了这个倒挂的北斗以外，再也找不到北斗了。他不禁想起书上曾有过“北斗星移”的话，推想北斗是会倒转的。于是，他高声地说：

“阿强哥，各位哥哥，你们看，那几颗星就是北斗星。北斗星在北方，我们应该背着它向南走，才能到家。”

大家都赞成他的意见，把柴集中堆在桥边空地上，空手寻路回去，果然到了夏村。

这个年纪最小的小男孩就是著名寰宇的中国古代科学家、文学家和思想家张衡（78—139）。

荒　年

我国东汉时期，京城设在洛阳（现在河南省洛阳市）。洛阳南面有个南阳郡（郡相当于我们现在的省，但比省要小些）。南阳郡包括现在河南省西南部和湖北省北部一些地方，总共37个县。郡的首府是宛（现在河南省南阳市）。

公元67年，南阳郡发生牛瘟，死了许多牛，春耕被延了下来。有些地方来不及耕种，收成大减，发生了饥荒。第二年春播以后，三个月没下雨，有的田地开裂，像乌龟壳一样，无法插秧。有的田虽然插了秧，禾苗枯死，也没有收成。只有白河两岸有灌渠的地方，能收一些粮食，可

是也减了产。可怜农民终年辛苦，交了地租以后，余粮就大大不足，只得靠咽糠、吃菜、挖野草勉强度日。有的竟卖儿卖女，才免于饿死。

此时，南阳郡西鄂县（现在河南省南阳县石桥镇）东郊白河边上有个小村庄，名叫夏村。这里地势平坦，水渠交错，本来是比较富裕的村庄，可是连续两年的灾荒，也影响了村里人的收入。有些人家不得不把野菜拌在稀粥里吃。当小孩子们皱着眉头，埋怨野菜不好吃的时候，大人就教训说：

“灾荒年头，连张老夫人家也吃稀粥呢！你有什么富贵命，吃不得野菜？”

张老夫人是夏村唯一的富裕人家。她的丈夫叫张堪，做过蜀郡太守和渔阳郡太守。太守是一个郡的最高行政长官，权力不小，每年薪俸二千石粮食。他在夏村造了一栋瓦房，红漆的大门，高高的围墙，前有院子，后有花园。这在那些农民的竹篱茅舍中间，当然是很突出、很引人注目的。

不过张堪在封建官员中间，是个比较开明、关心百姓利益的人。他做渔阳郡太守时，曾打退匈奴人的进攻，曾组织百姓兴修水利，开垦稻田五万多公倾，使百姓生活得

到得到改善。有首民谣赞扬他说：

“张君为政，乐不可支！”

他死的时候，儿子年幼，夫人依靠一点积蓄，买了少量田地，收租吃饭。由于家里排场大，用费多，儿子长大后又体弱多病，没有机会做官，坐吃山空，所以越来越穷了。几个奴婢也陆续离去，只剩下一个老仆带着妻子，替他家做些杂务。

二十多年了，这个富贵人家逐渐衰落，却又遇一连两年灾荒！老夫人口粮不足，不得不吃一段稀粥。这件事就被夏村的百姓当做话题来教训小孩了。

就在这困难的日子里，张老夫人遇到一件开心事：她的儿媳妇怀孕了。她将有一个小孩子了！沉默寡言的张老夫人，忽然眉开眼笑，经常爱说话了。她教儿媳妇怎样保重身体，她叫儿子注意增加媳妇的营养；她提出要为小孙子做些什么衣服，准备什么玩具；她还盘算着小孙子出世的时候，接受那些亲友、邻居的庆贺，要办点什么招待；她甚至想到小孙子长大以后，到哪里去读书……

她的儿子看到她那股高兴的劲头，当然也很高兴。不过他想到自己的儿子在这灾荒年头出世，家里钱粮两缺，未免有些担忧。

老夫人说：

“到你姨家去借十石粮来吧。”

儿子苦笑道：

“去年借了十石，一升也没还，怎么再好开口？”

老夫人说：

“就说我要抱孙子了！我有喜事，还能不借？”

媳妇在旁插嘴道：

“还是到我娘家去借一点吧！”

正在讨论着，忽然听见红漆大门的铜环叭叭响。老仆人去开了门，回来禀报道：

“有个叫朱晖的人求见老夫人。”

“朱晖？”张老夫人摇摇头说，“我不曾认识此人。”

她的儿子说：

“母亲，此人我倒听说过。他是宛城人，也做过太守。不知道有什么事来找我们。”

老夫人说：

“你把他带到客厅去。”

张老夫人在客厅接见朱晖。朱晖很恭敬地行了礼，说：

“老夫人不认识晚生，张老太守知道晚生。三十多年前，我在洛阳‘太学’里读书，老太守来太学视察，听说我是宛城人，和他同乡……”

张老夫人点点头说：

“张太守本来也是宛城人。”

朱晖说：

“老太守很看得起我，拍拍晚生的肩膀，说以后要互相照顾。我想，我是一个学生，有什么力量照顾他这出名的太守呢？”

听到此处，老夫人不禁感到伤心，哽咽着说：

“唉，太守早已去世了。”

“晚生最近才知道老夫人住在西鄂县，今日带来一车粮食，五万铜钱，来看您老人家。”

“这怎么行？”老夫人摇手道：“张太守在世，是不肯轻易收受礼物的。”

朱晖说：

“当年太守对我说过，他老了，以后妻子儿女如果有困难，也许还要我帮忙呢。听说老夫人目前不很宽裕，所以带点东西来，这也是我做晚辈的怀念老太守的一点心意。”

说着，朱晖便叫随从送钱粮进来，张家的人忙着摆酒饭招待。朱晖和老夫人的儿子攀谈了一阵子，鼓励他设法出去做官。老夫人说：

“谢谢朱叔叔关心。只是他体弱多病，又没学到什么本领，恐怕办不了什么大事。”

说到这里，老夫人突然高兴起来：

“告诉朱叔叔一个好消息：我的媳妇怀了孕，明年我可以抱孙子了！”

朱晖闻听，连忙起立拱手道贺：

“恭喜恭喜！”

朱晖的突然来访，使张家得到一笔意外的钱粮，宽裕地过了一个年，并且安度了春荒。张老夫人也为迎接小孙子的出世作了充分的准备。

公元78年，张老夫人有了一个小孙子。这个小孙子就是张衡，字平子。

数星星

夏天的晚上，在深不可测的高空里，夜，正呈现出伟大的奇观。黑暗展现了墨色的天鹅绒，掩盖着地平线；无数星星正发散着亮光，闪着磷色的光辉，织成美艳的图案。凉风吹来，花影摇动，张老夫人在小花园里纳凉。夜深了，她感到有些凉意，对她的小孙子张衡说：

“进屋去睡吧。”

小张衡躺在一张竹床上，仰望着天空，正数着星星。他叫道：“哎呀，奶奶，我刚刚数了78颗星，给你一打岔，忘记数到哪里了。”

“数星星？傻孩子，能数得清吗？”

“数得清，奶奶，我会数清楚的！”

“那么，你明天再数吧。现在夜深了，天凉了，该进屋睡了。”

可是，小张衡一点睡意都没有，他兴致勃勃地望着星空问奶奶：

“奶奶，你看那月亮，前几天像只钩子，怎么今天像把梳子了呢？”

“它像你一样，一天天长胖了啊！”张老夫人一面扶小孙子坐起来，一面说。

“奶奶骗人！”小张衡挣脱了奶奶的手，说，“它不会吃东西，怎么会长胖？”

对于这一连串的问题，老夫人没法应对了。她含着笑说：

“好孩子，别问奶奶了。你看那月亮也累了，要休息去了。你也去睡吧。”

“月亮到哪去休息？到地底下吗？是不是西边有一个地洞，让月亮钻下去？”

“是啊，是啊，是有一个地洞。好孩子，我们去……”

“奶奶，月亮晚上钻进西边的地洞，它用力爬呀，爬

呀，爬到东边的海底，再从海底冒出水面，升到东边的空中，对吗？”

……

这个多嘴的小张衡，对太阳啊，月亮啊，星星啊，脑子里藏了一连串没完没了的问题。就说星星吧，天上星，亮晶晶，千颗万颗数不清，可是他偏想数个清楚。

有一天，小张衡又数起星星来了，老夫人看了，无可奈何地说：

“平子，别数了。二十只小鸡，满院乱跑，我还数不清呢。星星这么多，也是跑来跑去的，怎能数得清呢？”

张衡听了这句话，呆呆地想了好半天。他数星星，从5岁数到6岁，还没数清楚，原因之一就是星星会移动。例如刚才看见五颗星在塔顶附近，不知不觉地却移到一颗松树顶上去了。可是仔细一想，他觉得奶奶不对了。

“奶奶，星星会跑，却不像小鸡那样乱跑啊。”张衡指着天上说：“您看那三颗星，它们并排站着，移动的时候也已启动，总是亮的一颗在中间，另外两颗在两头。不管它们跑到哪里，我总认识它们。您怎能把星星比做小鸡呢？”

张衡的父亲在旁听了，含笑说道：

“平子，到爸爸这里来。”

他把张衡拉到怀里，说：

“数星星不能一颗一颗地数，要一群一群地数。例如你刚才说的三颗星，就是牛郎星和他的两个孩子。那边一颗蓝色亮星，就是织女星。你把天上的星都认识了，都记上名字，每群几颗，都记下数来，数起来就方便了。”

“好，爸爸教我认星，把星星的名字告诉我。”

可是，张衡的父亲也认不了多少星。除了牛郎星、织女星以外，他只认识北斗。啊，那北斗星真是天上的英雄！七颗星，占的范围很宽，而且每颗都比较亮，真是光辉灿烂，别的星很难和这七颗星媲美。

“奶奶，您看呀，”张衡教奶奶了，“那里七颗星，叫做北斗星。”

他拉着奶奶的手，向天上指去：

“1，2，3，4，5，6，7。像不像一只舀水的勺子呀？那下面四颗是斗身，上面三颗是斗柄。知道了吗？”

张衡每天晚上乘凉的时候，总要看看北斗七星。他很熟悉它们。他常常考奶奶，奶奶也渐渐熟悉北斗七星了。

斗转星移

张衡很讨厌家里的围墙。这围墙挡住了他的视线，使他只能在家里看天上，不能跑出去看围墙以外的广阔世界。他常常乘大人开门的机会，溜出红漆大门，去和农家孩子玩。这样，他看到了碧绿的稻秧，金黄的稻穗；也看到了白河清清的流水，小小的木排由人驾驶着，顺流而下；也看到河岸边渔夫张网捕鱼，网里鱼儿活蹦乱跳。

一天，有两个农家孩子挑了柴到张家来卖。一个孩子叫阿强，一个孩子叫小福。他们比张衡大三四岁，平时在一起玩熟了的。

“你们这柴是从哪里砍来的？”张衡问。

“北面山上的树林里。”

“那边好玩吗？”

“好玩。有绿色的松树，鲜红的枫叶，很好看。”阿强说。

“还有松鼠，在树上跳来跳去的，一忽儿又不见了。那野鸡真漂亮……”小福说。

阿强抢着说：

“还能捉到野兔子。”

小小的张衡，被他们说的树林里的景色吸引住了，问道：

“你们还去吗？”

小福说：

“下午还去。”

张衡请求奶奶让他到树林里去玩，父亲在旁说：

“你的功课呢？”

张衡急忙说：

“书也读熟了，字也写完了。”

奶奶说：

“你不会砍柴，又不会挑柴，去干什么呢？”

张衡噘着小嘴说：

“那里好看的、好玩的东西多着哪！”

老夫人看到阿强和小福远远地站着，就对他们说：

“你们两个想把平子骗到树林里去玩吗？出了危险怎么办？”

阿强忙分辩说：

“我们没骗他，是他自己要去的。”

小福走过来说道：

“老夫人，我们一年去几十次，也没出什么危险。”

老夫人禁不住张衡苦苦央求，终于答应他下午到树林里去玩。下午，一道去砍柴的孩子有五个之多。他们都带着扁担、柴刀，只有张衡空着手，但他腰里塞着一只布袋，准备装兔子。

张衡在树林里发现一只野兔，孩子们都停止砍柴，帮他来捉。可是野兔子非常灵敏，时隐时现。他们追过一个山头，转眼间不见了。大家正在寻找间，忽然从树丛中又冲出一只兔子，众人齐心合力将它捉住了。

孩子们找不到已经砍下的一些柴，只得重新再砍。砍好柴，捆好，挑回家时，却迷了路。他们顺着一条小道走出树林，已经黑天了。前面一条小溪拦住去路，小溪上架着石板桥。

阿强站在桥上，对大家说：

“走错路了，这不是回家的路。”

大家把肩上的柴担放下来，擦着汗，议论着怎样回去。争论了一会儿，没有结果。

正如本书开头所说的那样，多亏张衡认识北斗星，孩子们才回到夏村。

张家的老仆人打着灯笼在路上把张衡接了回去。老夫人把张衡抱在怀里，一面揩着眼泪，一面口里骂着：

“这阿强真靠不住！明天不许他进门！”

张衡拉着奶奶的手，笑着说：

“不是好好地回来了吗？汗毛也没损坏一根！不怪阿强，是我不该去捉兔子。”

说到这里，他忽然从老夫人怀里站起来，往门外奔过去，几乎撞了门口的妈妈。

妈妈叫他说：

“饭热好了，来吃饭！”

老夫人以为他去找兔子，其实兔子已由阿强带回去，他这时完全没有想兔子，而是想着星星。

他一到小花园，就向北望，在夏天常见北斗星的天空，去找北斗星。没有！在那偏东的位置上，却挂着一个

倒北斗，就像树林里看见的那样！

这天晚上，他一直睡不着。半夜里，他偷偷地披衣起床，再到小花园里去看。他要知道北斗怎么转法。这时他看到北斗横在天空，斗身在左，斗柄在右，斗柄指着东方。

张衡再也不能睡了。他和衣睡在床上，过一会儿又去花园看。时间短了，看不出北斗在转动；时间长一点，就知道北斗果然一直在转。

公鸡叫了，天快亮了。张衡看见北斗翻过来了，斗柄在上，斗身在下。他注视着北斗，看到它逐渐隐没在晨曦之中。

张衡想：白天虽然不见北斗，但是北斗一定还在转。到天黑时，大概又要出现一个倒北斗。

天一黑，他立刻又到小花园去。

果然有一个倒北斗在天空迎接着他。

求　学

张衡10岁左右，老夫人和他父亲相继去世了。他舅舅和他妈妈商量，要送他去读书。

西鄂城里有“书馆”，是小孩读书的地方。张衡的舅舅认为，张衡在家已经认识上千字，读过几本书，能背一些诗，不必再进这种学馆。几里外有所学馆，招的学生是十几岁或二十岁的，学的内容比较深，张衡到那里比较合适些。

张衡跟着舅父走了几里路，看到一个小村庄，外面有一座整齐的瓦房，建在石砌的平台上，门前有五级台阶。他们进门一看，里面是一间宽敞明亮的教室，几组学生分别围着几张方桌，老师单独一张书桌，桌上放着几卷竹简（古代的一种书，字写在竹片上），靠墙的书架上放着更多的竹简。

这所书馆学习的内容，是“五经”和赋。

“五经”是什么呢？是儒家的五种经典著作：《诗经》、《尚书》、《易经》、《礼记》、《春秋》。东汉皇帝重视这五种经书，朝廷办的“太学”（国立大学）里设有“五经博士”，担任教师，学生被称为“博士子弟”，毕业后可以分配做官。所以一般青年读书人，都要读经（只要在五经中选读一经就行），将来找机会进太学，这是一条做官的道路。

赋是一种文体，又像诗，又像文，在汉朝很流行。赋的内容多是歌功颂德，描写城市、山河，献给皇帝，也可以做官。所以学赋也是一条做官的门路。

张衡拜过老师，老师询问了他过去的学习情况，叫他写了几行字，就问他希望读哪一种经。张衡因为喜欢诗，表示要读《诗经》。老师就安排他坐在一张方桌前，同桌的几个同学都比他大几岁。

《诗经》是周朝的诗集，作者很多，据说是儒家开创者孔丘编订的，共有诗300多首。这些诗被汉朝的儒家博士作了许多烦琐、歪曲的注解，张衡感到很讨厌。他喜欢抛开注解读诗，感到其中有许多好诗。赋这种体裁是由屈原的《楚辞》发展而来的，所以又称“辞赋”。张衡学赋

很快，他的作业一直受到老师的夸奖。

可是，张衡的心思并不专用在《诗经》和辞赋上。他很关心农业生产、山河地势、商旅往来……。他常爬上山岭，渡过白河，到西鄂县城买东西，观察农、工、商的活动。

西鄂县城附近有座鄂城寺，张衡上学和回家都要经过那里。寺里有一座七级宝塔，登塔远眺，可以看到一片平野，水渠如网，田里除种稻外，还有麦子、大豆、高粱等。东面是白河如带，北面是层层的远山，西面不远就是小小的西鄂县城。张衡常爱登塔远望。

张衡除读《诗经》和赋以外，为求知识广博，还阅览其他许多书籍。有一天，他在一本《鹖冠子》上看到有关北斗的四句话：

斗柄指东，天下皆春；

斗柄指南，天下皆夏；

斗柄指西，天下皆秋；

斗柄指北，天下皆冬。

他仔细分析了这几句话：春天的傍晚，北斗横在空中，接近天顶，它的柄指向东方。夏天的傍晚，北斗斗柄在上，斗身在下，就是张衡最早看见的那个样子。这时北斗柄指向天顶，也就是指南了。秋天的傍晚，北斗横在地

平线上，斗柄在左，指向西方。冬天的傍晚，北斗倒挂，和张衡迷路那次所见的一样，斗柄指向地平线，也就是北方了。这四句话讲的都是傍晚，也不是每个季节完全相同，例如早春的斗柄和暮春时的斗柄都是指东，但早春时指东北，晚春时指东南。

北斗在傍晚出现以后，不停地在天空转动。这一点，张衡迷路那天晚上和第二天清晨，就亲眼看到过。他把北斗的转移情况画成一幅图，看了又看。他想：北斗每天转一圈，每年又转一圈，它是绕着一个中心转的。

后来，他在书上看到，这个中心就是天上的北极。北极有颗小星叫北辰，也叫北极星，北斗和其他星星都绕着北极星转，北极星位置不动（北极星靠近北极，也转很小的圈子。但如非精密观测，可把它看成不动），它永远在正北方。

每个晴天的晚上，张衡都要望一望北斗。有时候，他守候通宵，观察北斗：

“啊，斗转星移就是这么回事。”

他想：很多人以为北斗总是斗柄在上，因为他们只在夏天傍晚乘凉时才看北斗，别的时间都不看。要弄清北斗的旋转，一定要在不同季节、不同时刻都去看才行。

他看着北斗一圈一圈地转，他的年龄也一天一天长大，知识也越来越丰富了。

齿　轮

南阳的首城叫宛，距张衡家只有25千米左右，张衡很想去那里参观，增长见闻。

有一天，他约了两个同学一起，步行到宛城去。到了宛城近郊，已经感到人烟密集；进了城，但见车马行人来来往往，热闹极了。沿街一排排商店，出售粮食、丝麻、漆器、铁器……南北杂货，应有尽有。第二天，他们又在城内参观，接着去城外白河边，那里堆积着上游运来的木材。白河从宛城以下通船，由白河经汉水可到长江沿岸。这条水路，把北方（黄河中游）的货物运往南方（长江中游），又把南方货物向北运，宛城就成为南北交通的枢

纽。张衡等人到了船码头，那里停靠的木船很多，搬运工抬着沉重的货物上船，有的是卸货上岸。

宛城的陆路，北通新都洛阳，西通旧都长安，东通黄河中下游的平原地带。四方货物，在这里转运。当时有人说它“商遍天下，富冠海内”，也就是说，商业往来遍于天下，财富是全国第一。可见它的繁荣景象了。

张衡很注意铁器店。宛城的刀剑戈矛非常锋利，早已全国闻名。宛城的农具如锄、犁、镰刀，质量很高，数量也很多。铁器店里一边陈列着许多铁器，一边就在叮叮当当地打铁，打得火星四溅。烧铁的炉子里火光熊熊，照得铁匠们的胸膛油光发亮。一个小铁匠双手用力地拉着风箱，拉得风箱呼呼地响。他的背上、头上大汗直流，可以看出他是用尽全力在拉风箱的。

张衡看得入了迷，追问道：

“这打铁的原料是什么呢？”

有人指着店堂一角堆得很高的铁锭，说：

“铁锭。”

张衡又问：

“这铁锭哪里来的呢？”

那人告诉他：

“这是城外炼铁炉里炼出来的。”

那炼铁炉在宛城东北白河边。张衡和同学第三天回家时，特地绕道去看了一看。一排炼铁炉，炉里装着铁矿石。每只炉子有几只风箱鼓风，炉火熊熊，比铁器店更为雄伟壮观。这里许多工匠，忙着运铁矿石和木炭（那时还不知用煤），却没有人拉风箱。张衡和同学们都很惊奇。仔细地看个究竟。

原来这里水流很急，人们在河中筑坝拦水，使河水从河的西边流下去，所以西岸边更加水深流急。急流中装了一只平放的水轮，被水冲得转个不停。水轮的铁轴很长，轴的上端装了只齿轮。这齿轮套着另一只齿轮，那另一只齿轮又带动别的机件，最后带动一根铁杆一来一回地拉风箱。一排几十只风箱，不用一个人。就能日日夜夜自动鼓风，使炉火熊熊，矿石熔化，铁水奔流。这铁水流到模型里，冷却成为铁锭，是制造铁器的原料。

张衡情不自禁地赞道：

“真是神奇的东西！”

一个同学问：

“如果用人拉风箱，要用多少人呢？”

张衡数一数每只炉子有几只风箱，一共有40多只风

箱。他数着说：

“每只风箱一个人拉，就要40多人。一个人拉半天，已经筋疲力尽，必须换班休息。如果每只风箱两个人换班，拉风箱的就要90多人！如果日夜三个人换班，就要100多人！唉，算一算真令人吃惊！”

张衡又跑去向一个工匠问：

“老伯，这是何物？”

那工匠回头看了张衡一眼，说：

“水排。是水力拉动一排风箱。”

后来，他才弄明白，发明水力鼓风方法的是几十年前的南阳郡太守杜诗。

这齿轮带动齿轮的办法，在张衡脑子里留下了深刻的印象。

游　学

张衡十五六岁时，作文和作赋达到了一定水平，有希望由县令和郡太守推荐到太学去做博士弟子了。

汉朝的太学，从西汉武帝建元五年（136）开始设置“五经博士”。博士的人选需要熟悉儒家某一种经典，有师承，能讲说训古和章句，并被当代学者所推崇。博士的法定年龄需要50岁以上。到元朔五年（124）才开始设置“博士弟子”。博士弟子需具备一定的条件，并需得到地方县令的推荐和郡太守的考察。

东汉光武建武四年（28），建太学于洛阳。次年，太学的学宫建成，讲堂长10丈，宽3丈，规模很宏伟。光

武帝亲自巡视，举行落成典礼。东汉的太学，仍仿西汉制度，各经分置博士，选用经学专家教授弟子。

东汉明帝时（58—75），更大力提倡经学，“博士弟子”名额也有增加。章帝建元四年（79），召开讲经大会于洛阳白虎观。会议持续几个月，最后综合讲经议论的结果，下令让班固编撰成《白虎通义》，颁示太学。白虎观会议的召开可以看到东汉提倡儒经的高潮。

张衡到达洛阳，在群儒大会白虎观以后不过十五六年。当时，经学是朝廷极为重视的学问。求学青年愿求仕进，必须钻研经义。张衡的年龄是合乎进太学的标准的。

可是，他对这事看得非常淡。

他读了一些经书以后，逐渐知道了太学里的一些情况。太学里那些老师，也就是博士，为了夸耀自己的所谓学问，总要把经书讲得非常烦琐，而且常常歪曲原意。有的博士把一些儒经加上100多万字的注释，把经书内容弄得支离破碎。明明是些胡扯的东西，却叫学生死记硬背，不许有任何更改。有的人从年轻读到白头，才算读“通”一种经书。张衡认为这样读书是一种痛苦，他不愿去受这份罪。

张衡认为太学也有值得学习的东西，但学习方法太拘

束。他主张学习各家各派的学说，比较长短，评论得失，才能得到真实的学问。从宛城回家以后，他又认为游览参观是一种求学的好方法，在游览中可以增广见闻，把亲见亲闻的知识和书本上的知识对照起来，就能得到最可靠的知识了。他决心不等待进太学的机会，独自离家远游。

公元94年，张衡17岁。他卖了一部分房屋作为旅费，辞别了妈妈和舅舅，投身到广阔的社会中去。

他首先到了旧都长安。长安在渭水南岸。这渭水盆地土地肥沃，灌溉发达。战国时秦国以此为基础，统一了中国，建立了秦朝。长安是西汉京城，城阙宫殿，富丽堂皇，街道广阔，商业发达。这里是丝绸之路的起点，匈奴人和西域人（西域包括现在我国的新疆和新疆以西的许多国家）骑着骆驼，带着各种珍奇物品，到长安经商。那时候，长安是全国最大的城市。东汉迁都洛阳，长安宫殿街市受到一些破坏，商业也不如从前，但仍是全国的名城。

张衡在长安一带参观街市，寻访古迹，还登上华山，渡过渭水，调查各地物产和人民生活。接着，他沿秦岭北麓的大路东行。一路上，他大饱眼福，激动的心情，使他无法按捺。他提笔写道：

阳春之月，

百草萋萋，

余在远行，

顾望有怀，

遂适骊山，

观温泉，

浴神井，

风中峦，

……

他参观了骊山下的著名温泉，写了一篇《温泉赋》。

他到了洛阳。洛阳是京城，又是全国最大的商业城市，宫殿城阙很壮丽，王公贵戚的府第到处都有。街道上有许多豪华的商店，出卖各种贵重物品。洛阳又是全国文化中心，这里有太学，是全国最高学府；有灵台，是国家天文台。城西北的邙山和城南的龙门是游览胜地。

龙门为洛阳南面的唯一天然门户。春秋战国时期，龙门有“阙塞”之称。龙门东西两山，即香山和龙门山（中隔伊水河）看上去确似天然的门阙关塞，故东汉时就有“龙门”、“伊阙”之称。秦名将白起曾在此大破韩魏联军。

张衡又到了我国第一个佛寺白马寺。白马寺共有四个

佛殿、一个台阁以及钟楼等建筑。从寺门进去，第一个佛殿叫“天王殿”，塑有“风、调、雨、顺”四个天神；第二个佛殿叫“大佛殿”，正中供着佛教创始人释迦牟尼的塑像，旁立迦叶罗汉和阿难罗汉两弟子，东西两边是文殊菩萨和普贤菩萨的坐像；第三个佛殿叫“大雄宝殿”，仍供释迦牟尼的塑像，旁立十八罗汉；第四个佛殿叫“接引殿”，供的是阿弥陀佛。所有塑像都是神采奕奕，栩栩如生，极富艺术价值。在寺后院内还有一个台阁，名叫“清凉台”，高一丈左右，周围有五百多丈，内有毗卢阁，阁中有印度圣僧迦叶摩腾和竺法兰两人的塑像。洛阳离黄河不远，城南的洛水和伊水都是黄河的支流，河水灌溉着附近的农田。

张衡住在洛阳学习。他有时候到太学去，向某些博士求教，或听某个博士讲学。可他更多的时间是在书店里，阅读各家各派的著作。他还结识了一些朋友，这些朋友都是和他志气相投的来自各地的著名学者和优秀青年，如扶风的马融、平陵（今陕西兴平县）的窦章、安定（今甘肃镇原县）的王符、涿郡（今河北涿县）的崔瑗等。马融擅长辞赋文学，更善于弹琴吹笛，是有名的音乐家，后来综合研究古今文经传学说，成了东汉的儒学大师。窦章后来

校书东观，谦虚勤朴，成了闻名当世的贤士。王符学识渊博，更潜研时务，著书30多篇，其中的《潜夫论》是东汉的政论名著，流传到现在成了极其珍贵的东汉历史资料。崔瑗是豪侠英俊的青年，很早就学习过天文、数学、历法等学问。他们都在20岁左右，都有抱负和学识，勤于读书作文，但又都不愿进太学。马融对儒学很有研究，常批评太学博士的错误；崔瑗根据他学过的数学、天文、历法，他和张衡一起认星，一起议论历法。而对当时社会强烈不满，议论最为愤激的就是王符了。张衡认为这样的学习方法，比到太学去做一个博士子弟，更能得到真正的知识。

他辛勤学习的结果，学问果然大有增进。众人称赞他“通五经，贯六艺”，比那死读一经的太学生要高明得多了。

《二京赋》

一天，张衡和王符在洛河岸边散步。河水静静地流着，望过去觉得很凉快；水草细长，顺流俯伏，仿佛一股股绿丝，在清澈的水里摊开。有时候，一只小虫在灯心草尖端或者荷叶上面，爬来爬去，要不然就是待着不动。波光粼粼，荷花苞上清水滴滴，荷叶上水珠滚来滚去。无边无际的麦田闪着光泽，田边有一农夫身材矮小，骨瘦如柴，上身穿一件补缀过的、肮脏的短上衣，下身穿一条淡色的长裤。王符看了好半天，对张衡说：

“你看那农夫，身体瘦弱，脸色憔悴，穿得又破烂……”

“唉，唉……”张衡同情地叹息着。

“吃饭要靠种田，可是洛阳多少富贵人家，他们游手好闲，不耕不织，还要美衣美食，大吃大喝……”王符越说越激动，右手挥舞着，“这些皇帝贵戚，不但自己挥霍无度，还养着一大批奴仆服侍他们。这些奴仆也都身穿锦绣，足踏皮靴，佩带珠玉金银，显示他的主人的阔气！”

张衡不断点头，有时也插一句：

“有些恶奴狗仗人势，欺负老百姓，不比他们的主子心肠软！”

“很多贵人在世时没有做过一件好事，死了还要大大浪费一番。”王符继续舞着右手说，“他们特意挑选江南的大楠木，从几千里外运到洛阳，做成厚厚的棺材，来装他们的臭尸体！这棺材还要让工匠精工细雕，再用好漆，漆得金碧辉煌！为了这一具死尸，耗费了多少穷人血汗！”

张衡听了王符的一席话，觉得很有道理。他虽然不像王符那样激动，却也隐隐地感到了社会的危机。他一夜没有睡好，觉得应该把这个问题提出来，引起大家的注意。王符准备写政治论文。张衡胆子小些，不敢像王符那样大声疾呼、慷慨激昂。他想：我就写一篇赋，来一番讽谏

吧。谏，是批评上级；讽，是用委婉的语言暗示。讽谏，也是他忧国忧民的一片苦心啊！

他决定写一篇《二京赋》。

《二京赋》的上篇是《西京赋》，西京指长安。张衡假托一位“冯虚公子”对“安处先生”说了一大篇话，用种种美丽的词句描述长安形势险要，宫室壮丽，街道有很好的规划，富贵人家生活优裕……并夸耀说：

地沃野丰，百物殷阜，

岩险周固，衿带易守，

得之者强，据之者久，

流长则难竭，柢深则难朽，

故奢泰肆情，馨烈弥茂。

也就是说：长安一带土地肥沃，物产富饶，地势险要，容易守卫，夺得长安的人会强大，占据长安的人可以持久。像我们汉朝，好比长长的河流，水是不会枯竭的；好比根深的大树，是不会腐烂的。所以汉朝的人虽然安乐纵情，而功业更盛。

《二京赋》的下篇是《东京赋》，东京指洛阳。安处先生听了冯虚公子一番话，就发表自己的看法，也是一大篇。他引述历史，说秦始皇穷奢极欲，修建阿房宫、甘泉

宫，耗尽天下人力，“百姓不能忍”，起来造反，终于灭亡了秦朝。

安位以仁，不恃隘害；

苟民志之不谅，何云岩险与襟带?

秦负阻于二关，卒开项而受沛。

这几句是说：保持皇位要靠关心人民，不靠隘要害。假如民心不原谅你，你有险要的地方又有什么用呢？秦朝以为可以依仗两个险固的关口，但终于为项羽开了函谷关，接受刘邦进了武关，秦也就亡了。

安处先生对洛阳的形势、风景、物产也作了华丽的描写，颂扬汉朝的国势隆盛：

“洪恩素蓄，民心固结。”

但在文词里却含有浓厚的“恤民”气息，他针对冯虚公子的议论写道：

“今公子苟好剿民以偷乐，忘民怨之为仇也；好殚物以穷宠，忽下叛而生忧也。夫水所以载舟，亦所以覆舟。坚冰作于履霜，寻木起于蘖栽。”

此番话是说：现在你公子如果喜欢欺压人民以图自己快乐，忘记人民怨恨会成为仇敌；喜欢挥霍财物以求极度的荣宠，忽然下面反叛起来就会产生忧患。水能使船浮

起来，也能把船打翻（比喻人民能供养皇帝，也能推翻皇帝）；坚厚的冰是从薄薄的霜开始的，八尺高的树木是由嫩芽开始的（比喻人民的大反叛是从小的不满开始的）。

这是向冯虚公子，也是向当时统治者提出严重警告！冯虚公子听了安处先生的话，如梦初醒，恍然大悟，表示自己原来的想法卑鄙，而安处先生的见解正确，令人信服。

张衡的《二京赋》，批判了残害人民，追求享受、以奢侈为荣的思想，要求统治者关心人民，提倡节俭，以缓和社会危机。不过，这点思想，放在大量描述形势、景物的词句里，也就被冲淡了。所谓“讽谏”，实际上是起不了什么作用的。

但在我国文学史上，《二京赋》是汉赋中的名作。

做主簿

张衡写《二京赋》，断断续续写来，竟写了三年多。

这一天中午，他搁下笔，把文章看了一遍，觉得还需要修改。他叹了一口气，忽感到肚子里咕咕地响，要吃饭了。他摸摸瓮里还有一点高粱，就在炉子里烧起柴来，想煮点高粱粥吃。

一个衣冠楚楚的官员推门进来，叫道：

“这么浓的烟啊！”

张衡停止吹火，抬头一看，认得是黄门侍郎（官名，是侍奉皇帝、传达诏命的官）鲍德。张衡站起来行礼，鲍德把柴抽出炉子，弄熄，对张衡说：

“别烧饭了，到饭店去吃，我请客！”

来到饭店，张衡问道：

“仁兄，今日怎有空闲来此？”

鲍德面带笑容说：

“当今圣上派我做南阳太守，不久就要上任。”

张衡闻听说：

“恭喜仁兄！此番可以有所作为了。”

鲍德说：

“我要找一位会写文章的人帮我起草文书，我想你最合适了，只怕委屈了你。”

“我能行吗？”

“当然行，只怕大材小用了。”

张衡摇头说：

“仁兄过奖了。”

鲍德见张衡有点迟疑，便说：

“到了南阳，你可以顺便照顾家庭……”

生活穷困的张衡对鲍德的人品有所了解，于是便同意随鲍德一同前往南阳了。南阳就是宛城。那时张衡23岁，他的官职称为主簿。

张衡是在公元100年开始做南阳主簿的。因为主簿的

职务主要是办理文牍，比较清闲，他便利用公余之暇，继续修改和补充《二京赋》，直到公元107年左右才正式写完，距开始写作时已经10年了。这时，恰巧蔡伦改进了的造纸法（用树皮、麻头、破布之类的廉价原料造纸）正在推广，张衡买了一些纸，兴奋地把《二京赋》抄在纸上。这篇赋受到很多人的赞赏，辗转传抄，张衡也因而成了名人。

作完《二京赋》以后，张衡又作了《南都赋》。南都指宛城，是全国第三个大城市。赋内描述南阳郡的形势、物产，歌颂东汉光武帝从南阳郡起家，做了皇帝以后，还关心他的故乡。

张衡刚担任南阳郡主簿不久，便发现南阳这地方缺少学舍。他想：要让自己的家乡富饶，必须培养人才，此乃致富之本。

这时，太守鲍德对张衡说：

“南阳郡物产丰盛，为什么没有官府办的学舍？”

真是英雄所见略同。张衡很佩服鲍德，他不假思索地说：

“我早年听说有的，不知为什么没有了。待我调查一下再说吧。”

为此，他出去调查了一下，才知官府原来办的学舍因为办得不好，关了门，房屋也荒废了。

张衡将此情况报告了太守。鲍德听了说道：

“仁兄，此事非你莫属，由你主持兴建新学舍如何？”

张衡一口答应下来。

不久，新学舍建成了，举行了落成典礼，邀请当地绅士、学者参加。还举行了宴会。张衡高兴地作文记述开会的盛况。接着，聘请教师，招收学生，择日开学。这所学舍对南阳文教事业的发展起了一定作用。

鲍德在南阳郡任太守一共9年。他比较关心农业生产，亲自视察堤坝、水渠等水利设施，推广良种，减轻徭役，鼓励农民多生产。南阳本来水利发达，农具精良，再加上政府有好的措施，所以连年获得丰收。而邻近各郡灾荒，相形之下，鲍德被当地人赞扬为“神父”。于是，皇帝把他调到朝廷去做了大司农（相当于农业部长）。

张衡因为母亲年老多病，没有跟鲍德到洛阳去，留在西鄂县老家读书，有三年之久。这段时间，他主要研究了扬雄的《太玄经》。扬雄是西汉末年的学者，《太玄经》是艰深的哲学著作，其中也有些天文学理论。

这时候，汉安帝年幼，邓太后临朝。她的兄弟有5人封侯，担任重要官职。其中邓骘担任大将军，招贤纳士，

延揽人才。他曾多次派人请张衡去他手下做事。张衡心想：我从不愿和这些外戚权贵接近，以免将来外戚权贵垮台时，自己无辜受累。当年自己15岁的时候（92），有名的历史学家、《汉书》的作者班固，就因为曾做过大将军窦宪的幕僚，窦宪专横被杀后，班固也无辜被捕下狱，忧愁而死。我是喜欢研究学问的，不能为禄位舍弃自己的志愿。于是，他拒绝了邓骘的邀请。

从公元108年到111年，张衡一直住在自己的家乡专心进修学业。经过艰苦不懈的努力，在学问的多方面都有所收获。张衡的朋友崔瑗曾称赞他的学习态度是“如川之逝，不舍昼夜”。

就在这个时候，张衡开始精读扬雄的《太玄经》。

扬雄是西汉末年古文派学者，也是当时一大文豪，擅长文学和辞赋，曾写过《长杨赋》、《羽猎赋》、《甘泉赋》，更著有《训纂》、《方言》、《法言》、《太玄经》等书。扬雄主张辞赋的基本内容应具有教育劝诫的意义，否则辞赋的写作仅堪称为雕虫小技而已，那就不是“壮夫”应做的事情了。扬雄曾写了一篇《解嘲》，自评所著《太玄经》理论的博大精深，说：

“《太玄》五千文，枝叶扶疏，独说数十万言，深者

入黄泉，高者出苍天，大者含元气，细者入无间。”

这样的孤芳自赏也真是世所罕见，同时也反映了扬雄在当时遭遇上的潦倒落魄。他把精心著作的《太玄经》写成后，学者们很少过问，因而发出了十分苦闷的呼声。

当时的著名经古文派学者刘歆看到了《太玄经》，曾对扬雄说：

“空自苦，今学者有禄利，然尚不能明《易》，又如《玄》何？吾恐后人用覆酱瓿也。”

这是说，人们都不肯读《太玄经》，《太玄经》将来只好去盖酱罐了。班固在《汉书·扬雄传》里也说，扬雄死后，他的《法言》很流行，《太玄经》却很少有人去理会它。张衡研究《太玄经》时，离扬雄死去已约有百年了，他写信给崔瑗说：

“以其（《太玄经》）满泛，故时人不务此。”

意思是指《太玄经》内容太杂，大家不肯费工夫去钻研它。

张衡为了博学多闻，对《太玄经》费了很多工夫，进行了详细地研究和分析。在精读《太玄经》的过程中，张衡曾写出了《（太玄经）注解》，并绘制了《太玄图》。《（太玄经）注解》和《太玄图》也是张衡读《太玄经》

的心得。

张衡在学术思想上企图调和儒、墨、阴阳各家的学说，一同归纳到所谓“玄训”或“玄谋”里，也就是他接受了扬雄的《太玄经》理论，形成了他的二元论思想体系。

张衡因为钻研《太玄经》，思想上受了扬雄很深的影响，同时通过《太玄经》，也接触到不少我国古代历史上的唯物论、无神论的遗产。《太玄经》里的唯物主义因素曾启发张衡向大自然追求真理。

张衡在精读《太玄经》后，逐渐从文学创作转向哲学研究，特别对宇宙间最伟大的自然现象规律，如天文、历法、数学等科学理论开始了学习。《太玄经》里面涉及好多有关天文、历法、数学的知识。张衡对这些问题是很感兴趣的，并且制造了科学仪器，对天文现象进行详细地观察和长期的测量工作。张衡读古人书籍，善于采取其中精华，并能锐力前进，在科学研究上开辟新道路。这正是我们祖国科学史上最伟大最光荣的传统，是值得我们好好学习的。

公元111年，汉安帝发布诏令，要求各级官员推荐人才，鲍德推荐了张衡。张衡接到皇帝的征召命令，感到这正是他为国家效劳的好机会。这时他的母亲已经死了。他辞别了西鄂老家，再一次到洛阳去。

辩　论

东汉政府有个衙门叫“尚书台”，负责替皇帝审阅公文和起草诏令，里面的官员有尚书令、尚书仆射、尚书、尚书侍郎、尚书郎中等许多等级。张衡在公元111年，担任尚书郎中；114年升任尚书侍郎。在这些年里，他除了处理文书以外，就集中精力研究天文学。他读了许多有关天文的著作，比较各种论点，作出自己的判断。

天是什么形状？日月星辰怎样运行？这是自古以来人们想象、争论、研究而没有解决的问题。人们仰望天空，似乎天顶中心非常高远，四周渐低，于是想象天的形状，像是一个翻转过来的盆子，那日月星辰都沿着盆子移动。

这种说法称“盖天说”，持这种说法的人称“盖天派”。

反对盖天说的人提出疑问道：

“如果这样，那么太阳在什么地方过夜呢？”

盖天派的人急辩说：

“这翻转的盆子的盆边是很宽的，好像斗笠或车盖。太阳白天横过天空，晚上从西边极远处绕回东方。为什么晚上看不见太阳光，是因为太远的缘故。”

盖天派由北斗绕着北极转的现象又认为天的中心是北极。

在洛阳见到的北极，远离洛阳的天顶（在洛阳，天北极位于地平线以上34度多，照我国古代算法是36度）。以北极为天盖的中心，岂不是说那天盖并非端正地罩在地上，而是歪罩着了？

盖天派答复说：

“正是如此。那天盖就像一只歪放着的车盖。”

在我国西汉时期，有些不满盖天说的人提出一种新的说法。他们认为：天是浑圆的，天包地外，这叫浑天说。

太阳在哪里过夜？浑天派认为，太阳是绕着地转动的。当它转到地的上面，就是白天；它转到地底下去了，就是黑夜。太阳在地底下过夜，并且从西边地底下绕到东

边地底下，再从地平线上冒出来，于是天亮了。

浑天派认为：星星都附着在浑圆的青天上。天带着许多星星，绕北极旋转。靠近北极的星星，例如北斗七星，它们在天空绕圈子，不沉往地下，一年四季，只要晴天，从黄昏到天明都能见到。距北极较远的星呢，就有东升西沉的现象。这东升西沉，既是绕着天上的北极旋转，又是绕着地旋转。

盖天派对浑天说也有怀疑。他们认为：这广阔无边的大地，虽有高山、平原之分，总的说来都是平的。有人远行几万里，所见都是平地，并没有转到地下去，天怎么能包着地呢？

盖天派认为，就算地面是弧形的吧，海不可能是弧形，因为水始终保持水平状态。浑天派也不能否认海是平的，所以他们说：地只指大陆。而海是在大地之外，充满大地的四周。直到天边。大地有一半浮在海水之上，就是我们所居住的陆地；还有一半沉在海水以下。

浑天派和盖天派反复辩论，各不相让。其中著名学者桓谭和《太玄经》作者扬雄的辩论最有趣。桓谭是浑天派，扬雄是盖天派，两人争论多次，桓谭越说越有理，扬雄的论点多次被桓谭驳倒。最后，扬雄说：

“你说得有理。我现在相信浑天说了，跟你做徒弟吧！”

从小想了解天地秘密的张衡，阅读两派辩论的材料，感到很有趣。他逐渐认为：浑天说虽还不能解释所有的疑问，但显然比盖天说正确。

他对朋友们说：

“扬雄放弃盖天说，改信浑天说，不是没有道理的。”

接着，他就滔滔不绝地宣传浑天说的道理。

如果朋友是盖天派，张衡就指出盖天说的谬误，说明只有浑天说正确。在他的宣传下，不少盖天派的人，站到浑天派的旗帜下来了。

张衡对我国从古以来发达最早的天文学以及各家各派的理论，作了广泛精密的研究，并且亲自不断地观察天象，摸索日、月、星辰运行的规律，着实下了七、八年苦功。最后，他认为浑天说是比较好的。因此，他根据浑天说的理论，再加上他实际观察的收获，创造了一套在当时要算是最完整最先进的天文学说。

张衡在浑天学说里，很详细地讲到了赤道、黄道、北极上规、南极下规等,找出了太阳运行的规律（实际上是地

球围绕太阳公转的规律），因此能够解释夏天昼长夜短、冬天昼短夜长的原因，说明春分和秋分时昼夜时间一样长短的理由。

他对朋友说：

“月亮不会发光，人们看到月亮发光是由于太阳光照在它的上面的缘故。月亮不停地绕着地球转，当它和太阳位于同一个方向的时候，它被太阳照亮的这一半，正好背着大地，向着大地的是黑暗的那一半。这一天，我们在地球上完全看不见月亮，叫做朔日，就是阴历每月的初一日。到了阴历十五或十六，月亮和太阳处在大地两边相冲的方向，这时月亮被太阳照的那一半正对着地球，我们便看到圆圆的满月了。”

浑象的创制

一年以后，灵台顶层增加了一件新仪器，因为它是说明浑天学说的形象教具，所以称为浑象。

张衡基本上掌握了日、月、星辰的运行规律。因此，张衡在他的《浑仪图注》里曾经写道：

“周天365度又四分之一，又中分之，则182度八分之五覆地上，182度八分之五绕地下。故28宿半见半隐，其两端谓之南北极，北极乃天之中也。”也就是说地球绕太阳一周所需的时间为365.25天，即365天6小时，和现在天文测量的数字是相近的。近代天文学证明，实际上并不是整个星空由东向西转，而是地球由西向东自转。但古代

人由于不知道地球自身的旋转，反而产生了天球旋转的概念。天球的旋转是一种表象，所以张衡有半个周天绕地下，半个周天覆地上，以及二十八宿半见半隐等说法。

张衡不但是浑天论的完成者，而且还根据此种理论创制了新型的浑象。他经过了反复的研究、观察、测验，到公元117年，终于把浑象造成。

浑象的主要部分是一只空心铜球，它是天球的模型。铜球的圆周长一丈四尺六寸一分，直径四尺六寸多。球的外面有个铜圈保护着，铜圈上刻着度数。球上有相对的两点，一点作为北极，一点作为南极，有一根长长的铜轴穿过这两点。这根铜轴斜搁着，北高南低，和地平面成36度交角。轴的北端正指着天上的北极星。

铜球上刻着天上的星星，有的亮些，有的暗些，星的方位都和天上的一样。

一只木雕的架子套在球的中部，使铜球上面的一半露出来，下面一半遮盖住。

浑天仪刚装好，一个专管观星的待诏就伸出大拇指称赞道：

“啊哟！我们的太史令真聪明，这铜球不就是天吗？我们站在球心，球心就是地。人站在地上，望着半圆形的

天空，不就是这铜球的上半部吗？”

他慢慢地转动着铜球，继续说：

“天球转动，北极是固定不动的，北斗绕着北极转，不沉入地下。你们看，不是吗？……距北极远的星，有的东升，有的西落。距北极越远，沉入地下的时间越久。”

张衡来了，这位待诏把自己的看法告诉了张衡，张衡说：

“你讲得不错嘛。你天天看星，知道今天天黑时的星象是什么样子？”

这待诏把球拨来拨去，然后停止了，说：

“今天天黑是这个样子：斗柄指西，参宿东升，对吗？”

“当然对啊，这件事，你比我熟悉。那么，明天天亮前，星象是怎样的呢？”

那待诏拨了半个圈子还多一点，说：

“这天球一晚上转半个圈子，现在冬天，夜长昼短，所以它一晚要转半圈多些。”

张衡哈哈大笑道：

“你拨吧，一会儿我来，一年四季的星象你都能看见啦。”

这天晚上，张衡起初很高兴，可是半夜醒来以后，又

睡不着了。他想：如果让浑象自己转动，也像天上星星一样，一昼夜转一个圈子，不是更有意思吗?

他想起南阳的水排，能用水力拉风箱，那么，用水力推动浑象转动，大概是不难的。但要让浑象慢慢地转动，一昼夜刚巧只转动一圈，那可不容易。

他翻来覆去，辗转反侧不能成眠。抬头看了看漏壶，“啊哟，不早了！”

漏壶是计时的器具，相当于现代的钟表。漏壶的样式很多，张衡用的是比较简单的一种。这是一只小小的铜制圆筒，下端有出水嘴，让水慢慢地流出。圆筒上端有盖，盖上凿一扁洞，一把扁形的标尺自扁洞插入壶里，标尺下端钉上一块小木板。壶里装水时，标尺全部外露，水壶逐渐变浅，标尺也逐渐下降，露出部分越来越短。标尺上刻有十大格，一百小格，每小格称为一刻。漏完一百刻水，就是一昼夜（我们现在每小时分成四刻，每刻15分钟，就是沿用漏壶的单位名称。不过漏壶每刻只有14分24秒）。

张衡想：浑天仪转的速度要和漏壶滴水一样。

可是，漏壶滴水怎能推动一个大铜球呢?

这个问题，又怎能难倒张衡呢?

他很快解决了这个问题。

巧夺天工

公元117年春天，张衡在灵台顶层造了一间小密室，把浑象放在里面。

在密室顶端，有一只巧夺天工的漏壶。它的出水孔是一条玉龙，龙嘴不停地吐水。这水冲动一只水轮，水轮带动一只小齿轮，小齿轮又带动别的齿轮，最后一只齿轮带动浑象上那根斜搁着的铜轴。铜轴转动很慢，一昼夜刚好转动一圈。在这段时间里，水轮转动了几百圈。

张衡邀请人们来灵台，参观他的浑象。晚上，来的客人很多。

客人们坐在灵台顶层喝茶，眼睛望着那间小小密室。

密室门窗紧闭，里面有人看着浑象。张衡高声唤里面的待诏道：

“现在的星象怎么样？你讲给大家听听。”

密室里的待诏高声喊道：

“现在，北斗正靠近天顶，斗柄指东。参宿马上要西沉了，五车也快要下去。明亮耀眼的织女星正从东方升起。……”

客人们多数是熟悉天象的。他们仰望星空，相互辨认，那待诏报的果然不错。

一个大臣不解地说：

“奇怪！奇怪！”

另一个官员自言自语道：

“这是真的吗？”

一个年过半百的老臣说：

“里面的人真是照浑象说的吗？”

客人们议论着，他们又赞叹，又怀疑。

张衡见状，便请客人们轮流进密室去参观。密室里挂着几盏油灯，人们仔细观看那浑象上的星星，果然和刚才报的一样，也就是和天上的星星一样。

张衡请客人们再坐一会儿。他把密室里的待诏叫出

来，里面空无一人了。客人们谈天、看星、喝茶。

一个时辰两个时辰过去了，张衡对客人们说：

“现在，天上的星象变了，浑天仪上的星象也一样变了。请各位大人进去看浑象，把浑象上的星象报出来吧。”

有一位官员进去看了一会儿，大声报告说：

“北斗已经向西偏转了。参宿现在不见了，五车正在西边地平线上。织女在东方已经越升越高，牛郎带着两颗小星出现在地平线上追赶织女来了！”

客人们仰望天上的星星，和所报的完全符合。有人特地再进密室看一看，连声叫道：

“佩服！佩服！”

客人们陆续骑马、坐车回去了。还有少数人留下来通宵看星，直到天亮才回去。

人们高兴地议论：

“原来斗转星移是这么回事！张大人真把天地的秘密揭开了！”

盖天说和浑天说的争论，初步得到了一个结果：浑天说胜利了。原来相信浑天说的人眉飞色舞地对人说：

“不相信天是圆的？你去看看水运浑象就知道！”

原来相信盖天说的人呢，他们面对着浑象目瞪口呆，说不出话来。有的人放弃盖天说，改信浑天说了。

因为来参观浑象并提出疑问的人很多，所以张衡写了两本说明书，一本名为《浑天仪图注》，一本名为《漏水转浑天仪注》。书中详细地解释了天球的北极、南极、赤道、星宿的出没，太阳运行的路线（黄道），以及冬至、春分、夏至、秋分四个时间里太阳在黄道上的位置，从而说明夏天昼长夜短、冬天昼短夜长的道理。

偶有所失

张衡的水运浑象出现于1800多年以前，是当时世界上一种先进的仪器。这个仪器能用来形象地解释许多天文现象，符合天文观测的结果，对以后我国天文学的研究有重大影响。

张衡认为地像蛋黄，位于天壳之内，他又认为天像蛋壳，把天看成一个大圆球，那就错了。天球是人的错觉造成的，现代天文学把这虚构的天球作为辨别星星方位之用，实际上不存在一个天球。

在汉朝时，有人提出：天不像反转的盆子，不像斗笠和车盖，也不像蛋壳。他们说，天是没有什么形状的，

是空荡荡的，没有什么物质的，日、月、众星，都悬浮在虚空之中。这种学说称为宣夜说。宣夜说是一种可贵的学说。

一些人反驳宣夜派说：

“日、月、众星都悬在虚空之中，它们为什么不落到地上来呢？要知道世界万物，包括飞鸟、云彩，都是要落地呀。”

杞国有人忧天，怕天塌下来；有穷国的君主后羿能把九个太阳射下来。这一类的神话传说，都是根据万物落地的法而产生的。

宣夜派无法解释这个问题，所以多数人都不相信宣夜说。张衡也不能理解这个问题，所以忽视了这种可贵的学说。

张衡认为地不动，天绕地转，这是错误的。在这方面，汉朝时也有更正确的说法，见于一些“纬书”。纬书中大部分是迷信，可是，也有精华的东西。

《春秋纬 元命仓》中有一种说法：

“天左旋，地右动。”我们看斗转星移，是逆时针方向而转移，《元命仓》把这称为“左旋”，好比我们向左转一样。《元命仓》从天的左旋，想象地会“右动”-也就

是说，不单是天动，同时地也动，两者动的方向相反，因而使我们看到了斗转星移的现象。这里提出地会动，尽管还不是彻底的地动说，却是难得的、杰出的思想。

《尚书纬·考灵曜》中说：

“地常动不止，譬如人在舟中而坐，舟行而人不觉。”我们坐在船里，眼见岸上山石树木向后移动，实际上却是船在前进。同样的道理，日月星辰在天空东升西沉，实际上是地球向东转动而在人眼中造成的错觉，是地动而不是天动。

16世纪欧洲伟大科学家哥白尼的见解，和这种杰出的见解不谋而合，连所用的形象比喻也是相同的。哥白尼曾说：

“当船只平静地向前漂移时，外界的一切都像是在运动。其实是船在运动，而船里的人却感觉到他们自己和船上的一切都是静止的。”

《尚书纬·考灵曜》不但认为“地有四游”：冬至的时候，“地上北而西3万里”；夏至的时候，“地下南而东3万里”；春分和秋分，地在上述两个位置之间。

这种说法尽管含糊不清，尽管里程说得太少，尽管不知道地是绕什么东西而转，可是，《尚书纬·考灵曜》的作

者敢于想象自己脚下坚实的土地在不停地移动，那是多么有创造性的说法啊！

可惜，张衡因为反对纬书，把纬书的这些论点也看作荒谬，不加重视。

两种比浑天说更正确的学说，被张衡忽视了。这是张衡的局限性，但这无损于张衡的伟大，也不能否定水运浑象是当时的先进仪器。

现代科学揭开了宇宙的真相，打破了浑天说的“蛋壳”，而浑天说的“蛋黄”呢，也离开了宇宙的中心，成为茫茫大海中的一粒小沙子。现在的天球仪，最简单的可作认识天上星宿的教具，较精密的可以用于航海，帮助我们确定船的位置，或确定时间。

圆周率的研究

张衡和崔瑗站在灵台顶层，向四周瞭望。洛阳城房屋密集，洛水和伊水向东北缓缓流去。一片绿色的平野，令人心旷神怡。

张衡感慨地说：

“我们向四面极目远望，都能看到天地相接。其实，天地是不会相接的。”

崔瑗点点头说：

“对。不过人们想，我们所站的地平面，如果无限延展出去，这个大平面是会和天球相接的。你的浑象中间不是有一个圆圈，划分地下和地上吗？这个圆圈正是天地

相接之处。你看，我们向四周看去，都能看到地平线，这地平线是一个圆周，就是浑天仪中间那个圈啊！你说是不是？”

他们谈起了《周髀算经》，这是一本有价值的数学书，可是它主张盖天说，却是一个错误。崔瑗说：

“《周髀》讲的‘径一周三’不够确切，值得认真研究。”

“径一周三”，意思是说如果直径是一，圆周就是三，圆周是直径的三倍。崔瑗曾量过许多圆东西的圆周和直径，发觉圆周比直径的三倍多一点。“圆周率大于三”，比三大多少呢？崔瑗也没有求出来。

张衡沉思了一会儿，说：

“我倒有个想法，很有趣。我们站在这里，四周天地相接处形成一个圆圈，我们站的地方是圆心。如果通过我们站的地方画一根直线，两头都画到天地相接之处，这不就是一根直径吗？你算算看，这个圆圈是不是这根直径的三倍呢？”

崔瑗闻听，哈哈大笑道：

“这么大的圆周谁会量啊。不过，你有个浑象，倒可以到浑象上去量一量。”

说干就干。他们量得浑象的圆周是一丈四尺七寸二分，直径是四尺六寸四分。

张衡边量边埋怨自己说：

“我做事太不仔细！本来我的设计，圆周要做成一丈四尺六寸一分。为什么做这样大呢？我原想天球圆周划分为365又四分之一度（按我国古代测算，太阳每365又四分之一日在天上的星星之间穿行一周，每天运行一度，所以把天球分为365又四分之一度），以每度长四分计算，整个圆周应为一丈四尺六寸一分。不想制造不精，大了一寸一分。我又没有检查校正，太疏忽了！”

他拿起笔记下：圆周比直径是1472比464。接着他又把这两个数字约了一约，写成736比232。

崔瑗掏出小木盒，里面有许多短短的小竹条。当时还没有算盘，这种小竹条称为算筹。他拿出一把算筹往桌上摆，进行运算，把结果告诉张衡说：

“按照你的浑天仪量得的数字，可知圆周736，直径232；或者说圆周92，直径29。由此算得圆周率3.1724……，余数不尽。”

张衡忙叫一个待诏把这些数字都记下来，并说：

“我怀疑浑象还做得不精确，因而算出的这个圆周率

也是不精确的。”

后来，张衡写数学书《算罔论》的时候，又研究了圆周率的问题。知道圆周率在三以上，但不会达到上次约算的3.1724。他找不出精确计算的办法。

张衡在研究开方的时候，发现1的平方根是1.100的平方根是10，独有10的平方根是一个开不尽的小数3.1632……。

张衡百思不得其解，他自言自语道：

“难道圆周率恰巧是10的平方根？”

他恍然大悟，高兴得简直要跳起来了！这样算圆周率真是简单而又便利。

现在看来，张衡算的圆周率不够精确。但是在我国科学家计算圆周率的历史过程中，张衡毕竟超越了前人“径一周三”的旧说，得到了较好的成绩。圆周率等于10的平方根，这个数值，就是到了现代，有时也还用得着呢。

月相的奥秘

灯下，张衡铺纸研墨，伏案写作。他把自己对科学的研究心得记下来，书名打算定为《灵宪》。

正当他停笔构思的时候，忽然听到窗外的叫声：

“爸爸，快来看，那月亮……”

儿子说不清月亮出了什么事，张衡只好亲自跑到院子里去看。这时太阳刚西沉不久，镰刀形的月亮挂在西南的天空。

这种现象张衡看到过多次，觉得并不稀奇。但是，他的儿子却是第一次看到，所以当做新鲜事叫爸爸来看。

孩子皱着眉问：

“爸爸，今天月亮被谁涂黑了一块。为什么会涂黑一块呢？”

月圆月缺的变化，千百年来经常受到人们的注意。月亮为什么会缺？是撞缺了一块吗？为什么又会变圆呢？这些问题自古到今有多少人提出，张衡自己小时候也提出过，可是并没有得到满意的解答。

月亮就是月亮，它是圆的，从来就没有缺过。月亮并不是真缺。只是被涂黑了一块。这是张衡第一步的结论。

这一块黑的，是什么东西的影子吗？他想不出有什么东西把影子落到月亮上。

几天后的傍晚，张衡又坐在走廊的椅子上看月亮。看着，看着，他眉开眼笑起来，他悟出了一个道理。他把儿子叫到身边，问道：

“今天的月亮是什么形状？”

孩子斩钉截铁地回答：

“半个圆饼。”

“对，月亮是半圆形。其实，它是圆形，不过还有半个圆是黑的，看不见罢了。你看这明亮的半个圆吧，它朝着什么方向？”

孩子不假思索地说：

“它的弧面对着西方。”

张衡满意地点了点头，说：

“对，太阳刚刚西沉，太阳光虽然不能射到我们地上，但还能射到月亮上。可见，这半圆的明月，是太阳照亮了它，所以明亮耀眼。而那另外半个月亮呢，朝着东方，这时候太阳照不到，它是黑的，我们看不见它。从这种现象我们可以知道，月亮本身是黑的，不发光的。你说对吗？”

他试画了两幅图，仔细看着。从图上可以明显地看到，月亮始终是圆的，而且始终是一半白、一半黑的。只因它和太阳相互位置的变化，在地球上的人看来，它才有圆缺的变化。从这两张图也可以说明：月亮自己是不发光的。如果月亮自己能发光，那么它永远是圆的，怎能出现圆缺呢？

后来，张衡将此看法归入《灵宪》一书中。

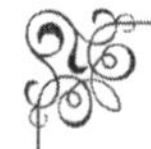

月食的原理

一轮明月从东方地平线上升起，灵台的地上白如霜雪。仪器的影子长长地落在白地上。

张衡来到灵台。两个待诏见太史令大人前来，便迎上前说：

“大人有事吩咐吗？”

张衡笑着说：

“今晚月明如昼，我们一面值班，一面赏月吧。”

“流星！”一个待诏指着天上说。

张衡向他手指的方向看去，刚才的流星不见了，却看见了另一颗流星，在天幕上画出一条长长的蓝线，然后消失了。

待诏眼望着流星说：

“这颗流星更大，是少见的，是从心宿流出来的（心宿是一群星的名称，28宿之一）。我把它记下来。”

他们迎视着天空，观察天象。忽然，张衡叫道：

“看漏壶！看漏壶！”

一个待诏看了漏壶标示的时刻。接着他又命令两个待诏注视月亮。月亮的边缘似乎有点什么黑东西。

“如果不是我的眼睛不好，那就是月食开始了！”

“是月食！我也看见了。”一个待诏赶快在灯下记下时刻。

月亮上的黑影逐渐扩大，已经能够看出一个圆弧。张衡目不转睛地看着，这圆弧越来越大了。

三刻钟过后，黑影把整个月亮都遮住了。

张衡默默地思考着：是什么把月亮涂黑了，又涂上暗红色?

他对两个待诏说：

“你们看见吗，月食的时候，是有一个黑影遮住月亮，这和平常的月缺完全不同。那黑影是什么东西的影子呢？你们想想看。”

一个待诏含笑摇着头。另一个待诏说：

“人家说是天狗吃月亮，我看不出那是一条狗。”

张衡目不转睛地望着天空，说：

“就是地！我们脚下的地！今天15日，太阳和月亮在地的两侧遥遥相对，所以我们能看到月亮有光的半面，看到圆圆的明月。现在，我们的地在月亮和太阳中间，地的影子落到月亮上，直到把月亮全部遮住，这就是月食。”

两个待诏点点头，其中一个待诏说：

“月食，我见过多次。有时月亮只被黑影遮住一部分，我们称偏食；有时月亮全部被遮，我们称为全食。可是，为什么发生月食，您不讲，我是不懂的啊。”

“我也是猜想，不一定都对。”张衡若有所思地说，“月亮全部被遮住的时间，一般要多久？”

“五六刻，七八刻，不一定。”

“这说明地影很大，在空中造成很大一片黑暗。月亮走过这片黑暗，时间不短啊。”

“出来了！出来了！”一个待诏喊起来。

暗红色的月亮现出一条明亮的弧线。黑影逐渐退却，退却时，边缘也是弧线。月亮从黑影里钻出来了，慢慢地，慢慢地，越变越大，终于恢复了它美丽皎洁的圆脸。

张衡在灯下起草给皇帝的报告，报告月食的时候和经过。这报告，早上就要送进皇宫。

指南车

公元121年，汉安帝调张衡担任公车司马令。

公车司马令是属于卫尉（东汉九卿之一）衙门的官员。公车司马令的官署设在皇宫的南阙门旁，任务是保卫皇帝宫阙，通过内外奏章。全国吏民向朝廷贡献物品，都由公车司马令掌管。同时，皇帝从地方征调到京城的人员，也由公车司马令接纳。张衡在公车司马令的职务上可以接触到更多的事物，因而也就获得了更为广泛的知识。

有一天，他听到外地来京的人议论说，旅行中最怕弄错方向。有人因弄错方向，而绕了道。他想：如果在车上装一种指示方向的仪器就好了。

他听说有一种东西叫“司南”，样子像一只水勺的柄，任意放在地上，那柄自动转向南方。他找了一只试试，果然不错。这是我国最早的指南针。

不过当时司南很少，不易得到。张衡曾听到传说，古时黄帝和蚩尤作战的时候，忽遇大雾，利用指南车才弄清了方向。又有传说，周成王曾送越裳氏一辆指南车，使他不致迷路。这些传说并不可靠，但对张衡有所启发。

他想：指南车上应该装个小木人，一手指向南方。无论车子如何转弯，这只手永远指南，方向不变。应在车轮的轴上装一齿轮，这齿轮再带动别的齿轮，最后带动小木人的轴。要做到车轮左转，木人就右转；车轮右转，木人就左转；而且转的度数要完全相同。

张衡是擅长木工的，他设计了几种齿轮，先做模型试验。一试不成，改装再试，反复思索，废寝忘食，终于用五个齿轮组成差动齿轮机，能符合上述要求了。

他画成精细的图样，叫工匠用铜把齿轮铸好，装置在车上。

张衡决定在平城门外进行试验。那里出城到灵台，有一条2里长10丈宽（每丈合现在7尺左右）的大道。在平城门口，张衡亲自坐上一辆马车，特地拆除了车盖。马车后

面挂着一辆指南车，由马车拖着走。指南车上高高地站着一个小木人，它举起右手，指向南方。

这时大道两旁，很多人拥挤着，议论着，参观这次有趣的试验。张衡指挥马车夫赶马，马车前进了。不久，马车向左转，指南车跟着左转时，小木人的手却向右转，仍指向南方。马车向右转了，小木人的手向左转，仍指向南方。张衡从马车上回头看小木人的转动，感到满意。

马车快到灵台的时候，一连两次向右转。往北进城时，小木人的手指着后面。

马车转来转去，木人的手始终指南。试验成功了。马车快到城门口的时候，观众热烈地鼓掌欢呼。

记里鼓车

公车司马令还管着一些交通运输的事，所以官署里挂着一张洛阳到各郡、国的里程表。可是由于里程大多是估计出来的，没有经过实地测量，往往因此发生纠纷。

有一次，汝南郡（现在河南省上蔡县东南）贡献一批礼品给皇帝，雇马车送到洛阳来，在计算运费时，押车的官员和马车夫吵起来了。官员要按公车司令官署公布的里程表计算运费，马车夫却认为这个里程数字太低，不符合实际情况。

张衡也听到一些官员对里程不合实际情况的议论。他想，应该把通往各郡、国的里程实地测量一下才好。老是用估计数字，怎么行呢？

当时测量里程的工具叫做“弓”。这弓的样子和射箭

的弓差不多，也装一根弦，但弦是木制的，没有弹性，不能射箭。弓的两只脚张开，相距刚巧5尺。测量的时候，把弓的一只脚放在起点，另一只脚向前。此后两脚交替向前，每量一弓是5尺，量360弓是180丈，也就是500米。

这办法显然太麻烦，测量短距离勉强可用，测量长距离就不行了。应该想一个更好的办法。

有一天，他手下有个官员出个主意说：

“用车轮量路是个好办法。如果车轮圆周是6尺，那么它在路上转300个圈子就是一里。”

张衡高兴地说：

“好主意！可是怎样计算车轮转动的圈数呢？”

这个问题又在他的脑海里运转了。终于，他又想到齿轮了。他想：如果在车轮的轴上装一只小齿轮，圆周一尺，铸10个齿；这个小齿轮的齿套着一个平放的大齿轮的齿。大齿轮圆周一丈，铸100个齿。这样，车轮每转一圈，小齿轮跟着转一圈，大齿轮只转十分之一圈。大齿轮转一圈，就说明车轮转了10圈。

想到了这个办法，下一步就容易了。大齿轮的轮轴上装一个圆周一尺的小齿轮，套着一个圆周6尺的中齿轮，那么中齿轮转一圈，岂不是大齿轮转6圈，而车轮就转了

60圈吗?

再照这办法，6尺齿轮的轮轴上装一个一尺齿轮，让它套着一个圆周5尺的中齿轮。于是，5尺中齿轮转一圈，6尺中齿轮就转了5圈，一丈大齿轮就转了30圈，而车轮就转了300圈！

如果车轮的圆周是6尺，300圈正好是一里！

即:

6尺×10×6×5＝6尺×300＝1800尺＝180丈＝1里。

张衡也顾不上吃饭，一口气画了几张图，叫工匠去照做。大小齿轮都用铜铸成。

他继续设计，又在车顶上装置一面鼓，另外装上两个相对的小木人，每个小木人手里拿一根小鼓槌。5尺齿轮每转一周，就拉动一个小机关，使两个小木人同时打一下鼓。坐在车上的人，每听到一次鼓声，就在一块板上划一画，表示走了一里。走了一段距离以后，只要计算划数，就知道是多少里了。

张衡给这种车取名为“记里鼓车”。第一辆记里鼓车制成以后，张衡亲自坐着，走了15千米，觉得是一种很好的测量路程的工具。以后又制造了几辆，测量了某些城市的距离。

进　谏

东汉后期的政治有个特点，就是幼童称帝，太后掌权。太后多是青年妇女，缺乏政治经验，就叫她的父亲或兄弟来掌权，这叫做外戚专权。等皇帝年纪大一些，想从外戚手里把权夺回来，他依靠谁呢？只能依靠宦官。

宦官是皇帝的奴仆，一般来说，缺乏文化和品德修养。可是皇帝深居皇宫，和外界接触很少，只能和这些人亲近，并通过他们了解外界情况。宦官们往往通过献媚拍马，取得皇帝的信任，掌握某些权力。

皇帝和外戚争议的时候，往往和宦官密谋，把主要外戚杀死。这样，宦官又专权了。他们监视和控制皇帝，在

外面结党营私。正派人看不起他们，他们就勾结一些奉承拍马的小人，卖官受贿，欺压良民，搞得乌烟瘴气。

年轻的皇帝死了，又是一个幼童做皇帝，太后又掌权，外戚又来杀宦官。

在这样的政治斗争中，双方都只顾自己集团的私利。双方都奢侈腐败，残害人民。

公元125年，汉安帝死了，阎皇后做了太后，立了一个小皇帝做傀儡，由外戚阎显掌权。谁知这小皇帝几个月就死了，19个宦官合谋杀了阎显，又迎立另一个小皇帝（也是安帝的儿子），就是汉顺帝。

汉顺帝即位的时候，只有11岁。既然他是依靠宦官即位的，自己又幼小，只好把权力交与宦官。这些宦官得势后，大收干儿子，勾结一批人把持政权，并仗势欺人。

宦官们看到，公车司马令是掌管皇宫对外联系的重要工作的，必须由他们的亲信来担任。所以在公元126年，他们不让张衡做公车司马令了，将他调任太史令。

这是张衡第二次做太史令。从第一次担任太史令到第二次担任，相隔11年。在一般人看来，好像倦鸟回飞，仍还旧巢，正是他多年来在宦途不通达的证明。在此期间，他的创造发明不少，但他没有得到升迁。有许多人为他抱

不平。

张衡只是笑笑说：

“一个人不怕官位低微，只怕品德不好；不怕俸禄少，只怕知识贫乏。每个人有自己的才能，根据才能安排职务，这是正道。歪门邪道，胁肩谄笑那一套，我怎么能做呢？”

他表示要以博学多能的人为师友，并且要在研究科学问题上抱着“约己博艺，无坚不钻”的信心与决心，和“不耻禄之不伙，而耻智之不博”的谦虚态度；同时还表示自己不愿同那些“鄙儒”或“贫夫”去计较长短，要坚持“方将师天老而友地黄，与之乎高睨而大谈”的广阔胸怀。

太史令的工作，无论是研究日月星辰，制定历法，还是调查地震和天气情况，他都非常感兴趣。他很乐意在灵台度过日日夜夜。

张衡对自己的官位虽然不愿计较，但对国家的兴亡却时刻挂在心上。他写《二京赋》的时候，已经看到国家的一些危机；现在又过了20多年，他已经从年轻人变为老者，眼见宦官专权，胡作非为的事层出不穷，他不能再视而不见了。

公元130年，汉顺帝16岁了。张衡认为，不能再这样下去了，要及早提醒皇帝，使他知道宦官专权的危害，设法摆脱宦官。于是，他不顾个人安危，挥笔疾书，上了一道奏章，说：

“贵宠之臣（指宦官），罪行昭著，妄作威福，有目共睹，积恶成祸，为害黎民，四海怨怒……”

他列数过去宦官为祸的例子，请顺帝注意：“前事不忘，后事之师也。”

宦官是受皇帝宠信的人。他们为所欲为，欺压百姓，正是皇帝纵容的。他们是皇帝依靠的力量。所以，张衡这次上表并没有什么效果。宦官积恶成祸，四海怨怒，依旧如故。

候风仪

在灵台的42个待诏中，有3个是专管“候风”的。候风，就是观测风向、风力等，并加以记录。

风和农业生产的关系很密切。洛阳的夏天要有东南风带来海洋的水蒸气，才有充分的雨水。风调雨顺，农产品才能丰收。所以，东汉朝廷在太史令手下设置了三个候风待诏的官职。

候风待诏用竹竿挂着长幡，作为观测风向、风力的工具。

有一天，张衡看见一位待诏注视着长幡，长幡波浪式地指向东南方向，哗啦哗啦地响。忽然一阵大风，长幡竟然卷在那竹竿上了。待诏好容易把它解开了，过一会儿又

被卷到了竹竿上。

张衡笑道：

“你们这侯风的工具不大好用啊！我看，它即使不卷到竹竿上，它表示的风向也不很准确。”

那个待诏说：

“大人，这种布的幡是前辈人传下来的，几十年都是这样侯风的。”

张衡没有说话。回家的路上，他仔细思考着那位待诏的话，很不是滋味。如果前辈人传下来的就不能更改，我们岂不要穴居野外、茹毛饮血了吗？不，我们应该有所改革，有所创造，不能照抄老办法。

张衡决心设计一种新型的侯风工具。经过反复推敲，他制成一只铜乌鸦。乌鸦是空心的，不太重。它的头部像斧头的锋刃，比较尖削，身体部分从前至后逐渐张开，尾部显得太宽，在中间另装一只乌鸦尾巴。根据古代传说，“太阳里面有三足鸟”，所以这只铜乌鸦也做成三只脚。两只脚装在肚下两旁，一只脚装在肚下正中。这正中的一只脚其实是一根铜轴，整个铜乌鸦可以绕轴旋转。

张衡把铜乌鸦拿给三位待诏看。待诏们不知何物，他笑道：

“此乃站在木杆上的铜乌鸦。把它装在高空，如果风从左、右或后面吹来，它都会被风吹得转动；只有风从前面吹来时，因前面尖削，不受风力，就会停止不动。所以，如果它停住不动，就知道风是从它前面吹来的。只要看乌鸦头对着什么方向，就是那个方向的风了。”

待诏异口同声地说：

“甚好！甚好！”

张衡继续说：

“不过，还必须经过试验才能确定可用与否。我们的思想总难免有失误，不易做到十全十美。”

他们做了一根5丈长的木杆，杆顶上装了一个圆木盘。这只铜乌鸦的轴就装在木盘里面，再把这根木杆树立在灵台顶层。

木杆树起来以后，只见那杆顶上的乌鸦转了一转，就不动了。它的头向着东南方。

“东南方！”侯风的待诏叫着。他们的长幡飘向西北，也说明是东南风。不过长幡不如铜乌鸦指的方向明确、稳定。

灵台上这件新仪器，称为“候风仪”，也有人称它是“相风铜鸟”。它的作用和现代的风向标相似。

地动仪

公元132年，也就是张衡制成了候风仪的那一年，他又制成了地动仪。

多年来，他一直朝思暮想做一只地动仪，能预测到地的震动，和地震发生的方向。他设想，用一根铜柱直立地上，一般说应该是平稳的。如果发生地震，铜柱就会向震动的方向倾斜。这根铜柱称为“都柱”。他想，如果在都柱四周装上八方的“曲杠杆”，那么都柱倾斜时，倾斜方向的曲杠杆也会受到牵连。观察到某一根曲杠杆的变动，就能发觉地震发生了。按照这一设想，经过反复试验和精工细作，一只地动仪终于制成了。

地动仪的外壳用青铜铸成，样子像个大酒樽。“酒樽”外面，用篆文、山石、乌龟以及鸟兽的花纹装饰着。这“酒樽”的圆径长8尺，上面圆顶铜盖，把“酒樽”牢牢罩住。“酒樽”外面的八个方向—东、东南、南、西南、西、西北、北、东北—各有一条龙，龙嘴里各衔了一颗铜丸。八只龙嘴下面的地上，摆着八只铜铸的青蛙。它们个个张开口，等待着接受龙嘴里吐出的铜丸。

张衡介绍说：

“这八只龙嘴和里面的八根横杆有联系。如果哪个方向发生地震，都柱受震，向那一方倾斜，使那根横杆向前一冲，龙嘴跟着一张，嘴里的铜丸就落到下面青蛙的嘴里。”

他一面说着，一面轻轻敲动一只龙头，只听“当”的一声，一颗铜丸立即落到下面的青蛙的嘴里。听的人吃了一惊，接着就都笑了起来。

张衡接着说：

“地的震动，情况很复杂。山崩地裂是地震，筑墙打夯也有小小的地震，车马狂奔地会发颤，人脚用力蹬地也会使近处颤动起来。如果都柱太稳重，泰山崩倒它还待着不动；如果都柱太灵敏，蹬一脚它也摇几摇。我做这些东

西，是反复试验多次，做得非常精细，才能让它报告真正的地震。”

张衡选择灵台附近一处地方，挖了一个很深的洞，一直挖到泥土底下的岩石。他说：

“我猜想地底下是一块大岩石，各处岩石是相通的。把地动仪放在岩石上，那么远处地震，它就能感觉到；而上面有人挖泥翻土，车马奔驰，都不会惊动它。”

张衡指挥一些人开凿地下的岩石，造了两间房子，一间放地动仪，一间供一个人坐着。他安排了几个人轮班到这里观察地动仪的动静。如有铜丸掉进蛙口中，立即报告。值班的人日夜不能间断；为了保证安静，除值班看守人员外，别的人都不许到这个房间里来。

为了地动仪的设计、制造和安放，张衡几乎忙了一年，别人也跟着忙。到最后，地动仪无声无息地搁在地洞里，人们几乎把它忘了，只有那几个看守的人轮流来陪着它。

在阴暗的地下室里陪着地动仪，生活是非常单调的。他们起初感到很新奇，后来就感到厌烦，对地动仪也怀疑起来了。

“这东西到底有什么用呀？”

公元133年4月，忽然“当”的一声，冲破了这地下室的沉寂。这声音清脆而响亮，余音久久不绝。值班人员一看是东北方的蛙嘴衔着铜丸，连忙奔出地下室，向张衡报告。

他在路上遇到了张衡。没等他开口，张衡抢先问道：

“铜丸掉下来了吗？”

“掉下来了，东北方。”

张衡进了地下室，检查了铜丸掉下的情形。

原来，这天张衡看见门窗摇动，似乎发生了地震，所以快步来看地动仪，正好遇到值班看守的人来报告。核对一下时间，张衡发现门窗摇动的时候，正巧也是铜丸坠落的时候。

这一次地震很轻，持续时间也不长，没有造成什么破坏。

通过这次地震，张衡认为：第一，地动仪是有效的，能够报告地震。不过此次地震在洛阳发生，地动仪的报告并不比人的感觉早。因而地动仪的作用不明显。第二，这次东北方的铜丸掉落，说明这次地震的中心是在洛阳东北方。这个问题，地动仪还是起了作用的。

日历和木雕

灵台上一只花盆里种着一种小树，张衡不认识，便问：

“这是什么树？”

待诏笑了笑说：

“大人不认识？这叫冥荚啊。”

冥荚，张衡虽不认识，却早就听说过。据书上记载，有一种称为冥荚的小树，每月初一长一个荚，以后每天长一个，到这个月15日，共长荚15个。从16日起，每天落一个荚，到月底落光。所以冥荚又叫历荚，看荚的数目可以知道日期。

张衡立即数了数，共15个荚。他说：

“今天是初6日，怎么会有15个荚？”

待诏尴尬地笑道：

“是呀，它常常不灵验，如果真把它当日历用，是会上当的。也许它不是真冥荚，也许根本没有当日历用的冥荚。”

过了几天，张衡和灵台待诏们集会的时候，拿出一只小木盒对大家说：

“灵台上那株冥荚，据说可以当日历用，其实不灵。我现在有一只小木球，漆成一半白色，一半黑色，放在这盒子里，倒可以当做日历使用。请大家来看吧。”

他把木盒的盖子揭开，里面有块小平板，平板中央鼓出半个黑球。他说：

“每月初一日，月亮一片漆黑，就像这黑球一样。初二呢，月亮现出一条弧线。”他把那木球拨动一下，果然有一条白色弧线从小平板下面冒上来。他一面说话，一面拨球，球上的黑色部分越变越小，白色部分越变越大，像钩子、镰刀、半圆……到了15日，那球的黑色部分都转到小木板下面去了，小木板上面鼓出了半个白球。

张衡说：

“每个月的15日，天上挂着圆圆的明月，像圆盘，像冰轮，就和这半个白球一样。这时候日、月相对，月亮被太阳照耀的部分我们都看到了。”

他继续拨动着小木球，说：

“月圆以后，它又逐渐变小。你们看，它的圆面一天比一天瘦，到22或23日变成一个半圆。以后，又像镰刀、钩子……现在看，白色完全没有了，这是下个月的初一日了。”

待诏们惊异地议论着：

“太史令真聪明，想得真巧！”

张衡说：

“这不是什么聪明，只是多用了点心思罢了。我们的阴历是按照月亮的样子定日期的，月亮在每个月里有一次从缺到圆又从圆到缺的变化。其实月亮并没有缺掉一块，它向着太阳的一半总是白色，背着太阳的一半总是黑色，这是永远不变的。我们看到全部白色，就是圆月；我们看到半白半黑，就是半圆形的月；如果白少黑多，那就是镰刀月了。”

张衡把盒子搁在灵台上，称为“瑞轮冥荚”，由一位待诏每天把小木球拨到12度多，当做日历用。晚上，瑞轮

冥荚中的“月亮”和天上的月亮样子完全相同。

几个月以后，张衡又出了一个新主意：把瑞轮冥荚装在水运浑象下面。浑象不是每天转一个圈子吗？瑞轮冥荚每30天（或29天）转一个圈子（阴历大月30天，小月29天）。他在瑞轮冥荚的小木球上装一根轴，轴上装一只齿轮，上有30个齿。再在浑天仪那根长铜轴上装一根小棒。每当夜半的时候，浑天仪那根小棒就拨动瑞轮冥荚的一个齿。这样，瑞轮冥荚可不靠人去拨动，它每天自动转12度多，看它的“月亮”就知道今天是什么日子。只是到了月底，因有每月30天和29天的不同，才需人去调整一下。

木　雕

张衡制造了许多奇巧器物，受到很多人的称赞和钦佩。于是有人问他：

“古书上说，鲁班和墨子是最好的巧匠，他们把木头刻成老鹰，能够飞上天空，三日不落。您说这是真的吗？”

张衡思忖片刻，答道：

“会飞，也许是真的吧。但是飞三天，恐怕不大可能。”

“您做一只试试看。”

张衡听了哈哈大笑说：

“我可比不上鲁班、墨子啊！”

没想到一句戏言，却勾起了张衡的兴趣。他想：鲁班、墨子能做的东西，我为什么不能做呢？他们做的老鹰，当然有两只翅膀，才能乘风而行，我也可以依照鸟翅的样子，做两只木翅膀嘛。他用轻质木料做成鸟的两翅，在楼窗中抛出去，果然能在空中飘浮好一阵。

用什么东西作为这只鸟的推动力呢？张衡冥思苦想，觉得很难。当时既没有石油，又没有火药，连持久的弹簧也没有。不过，弩的发明已经有好几百年了。把弓弦装在弩上，再把箭扣在弦上，用扳机卡住。发射的时候，用手轻轻地扣动扳机，就能把箭弹射到百步之外，刺穿敌人的铠甲。这就是所谓的强弩。还有连弩，扳机一开，箭能连续发射。在我们中国，最早的“机”就是弩机，后来发展成为各种手工机械，直到现代的各种机器。

张衡从弩机得到启发。他做了一只木鸟，这只木鸟头上有圆眼睛、弯钩嘴巴，全身画着褐色的羽毛，很像一只大雕，所以称为木雕。木雕的肚内装着“机”。这“机”是怎么做法，现在已经不知道了。

经过各种复杂的试验以后，张衡决定正式发射木雕。他选择灵台的顶层作为发射场所。他在灵台装置了强弩，

把木雕射向空中。这木雕的翅膀本来是收拢着的，射到空中后自动张开，平稳地滑翔着。接着，木雕肚内的机关开动了，继续推动木雕前进，直到几千米以外才落下来。

木雕初次飞行成功了！

灵台的待诏、田野的农夫看见木雕飞行，莫不鼓掌欢呼，有的人甚至称张衡是“木圣”。

贤臣和昏君

据说，孔丘快死的时候，曾预言说：

“不知何一男子，自谓秦始皇，上我之堂，踞我之床，直面倒我衣裳，至沙丘而亡。”

孔丘死后200多年，果然有一个秦始皇，他虽然没有去拜访孔丘的故居，上堂、踞床、颠倒衣裳，但他却把和孔丘有关的儒家著作烧掉不少，把孔丘的徒子徒孙杀掉一些。而秦始皇最后是死于沙丘这个地方的。

这种似是而非的“预言”，称为谶语。这种谶语当然不是孔丘的原作，而是后来某些儒生编出来，用来欺骗别人的。

东汉光武帝名刘秀，他因为谶语中有“刘秀发兵捕

不道，四夷云集龙斗野，四七这际火为主”等莫名其妙的话，似乎可以“证明”他是应“天命”而做皇帝的，就对谶语大加提倡。所以东汉时期，各种各样的谶语大为流行。

东汉的儒生除了要学儒家的经书外，还要学“纬书”。纬书明明是汉朝人编造出来的。却假称是孔子等古人秘密流传下来的，其中有大量的谶语，因而又称为“谶纬”。

前面说过，纬书中也有精华的东西，如关于地动的学说。但纬书中的大量谶语，宣扬迷信，鬼话连篇，造成思想上的混乱，是科学的大敌。

张衡很早就反对谶纬。他的朋友马融、王符、崔瑗也不相信谶纬。但是，公开反对谶纬是危险的。著名思想家醒谭因为反对谶纬，几乎被光武帝杀掉。著名思想家王充猛烈反对谶纬，但他的著作《论衡》只能秘密流传。所以反对谶纬的意见，只有在朋友之间谈论，而不能公开发表。

公元133年，就是地动仪制成的第二年，张衡为了破除迷信，正式向汉顺帝上了奏章，指出谶纬的虚假。他说刘邦灭秦，建立汉朝，并没有谶语预言。刘向父子整理皇家图书，编列目标，也没有什么谶书、纬书。可见谶纬是后人编造的，怎么能说是孔子的话呢？纬书中讲到的公输班和墨翟，是战国时人；还讲过益州，这是汉朝设置的

州。这些怎能是春秋时孔子说的呢？谶语有很多和经书不合，谶语和谶语也有很多互相矛盾的地方，有人找出30多句互相矛盾的谶语去问讲谶的专家，竟无法解答。由此可知谶语虚假，不可相信。

张衡还说：几十年前有个宋景，编造什么看见禹的玉版上有谶语说，某年当有水灾，骗得一些人弃去家业，逃进山林，实际上并未出现水灾，闹了个大笑话。这是谶语害人的实例。

张衡在奏章的末尾，要求汉顺帝禁绝谶纬，以免迷惑世人。

张衡这勇敢的一击，揭穿了长期流行的谎言，也揭穿了某些谎言家的面目。他说出了很多正直的知识分子想说而不敢说的话。他期待着汉顺帝接受他的意见，也准备受汉顺帝的严厉惩罚。可是两者都没有。汉顺帝对张衡的意见根本不理会，朝廷里仍保持着死气沉沉的局面。

令人意外的是：就在这一年，张衡竟升官了。汉顺帝调他担任侍中。侍中负责侍候皇帝，没有官署，没有具体职务。但是地位很高，是一种高级顾问。

于是，张衡有机会进宫，和皇帝直接对话了。可是张衡发现这位皇帝是庸才，不做什么大坏事，也不做什么大

好事。张衡两次上奏章，他都没有采纳；当面提出一些建议，他都不置可否。因此，张衡的热情减退，过着“得过且过”的日子。

有一天，汉顺帝似乎很关心人民的样子，问张衡：

“天下所痛恨的是什么人？”

张衡想：是什么人，不是早告诉过你了吗？就是那些为非作歹的宦官！张衡正想慷慨激昂地议论一番，揭露宦官的罪行，可是抬头一看，见皇帝左右的几个宦官，都睁着圆圆的眼睛注视着他。

说呢？还是不说？他有些踌躇了。他看着19岁的汉顺帝，一个优柔寡断的青年，心想：向他揭露宦官的罪行，有什么用呢？他本人就在宦官集团的包围监视之中嘛。

张衡终于退缩了。他只说了几句无关痛痒的空话。

他对现实的政治已经灰心，要求去编历史。他为西汉的历史搜集了一些材料，要求到皇家图书馆—“东观”—去集中力量写西汉的历史，自信某些方面也许胜过班固的《汉书》。他的这个要求没有被接受。

虽然张衡在顺帝面前，没有直接揭露宦官的罪行，但对他早前指斥宦官的文章，宦官们的印象是深刻的。他们不希望张衡留在皇帝的左右，想方设法把他调出了京城。

打击恶势力

在华北平原，东汉时期有一个河间王国。这个小王国只有11县，位于现在河北省中部河间、高阳、任丘、献县一带。面积不太大，人口63万。河间王叫刘政，是一个骄横奢侈的大贵族。

东汉的皇族封王的不少，制度规定，这种王只能享用王国内的租税，却不能管理王国的行政。这是为了防止国王割据一方，对抗朝廷。那么，王国的行政由谁负责呢？由朝廷派一个相（意为宰相）来负责。这个相在礼节上是王的部下，但在行政上只受朝廷指挥。相的实际地位，和郡的太守是一样的。

公元136年，张衡被派为河间王国的相。他被排挤出京城，面临着艰苦的任务。这时，他已59岁了。

张衡刚到河间，就有百姓向他告状。张衡一一安抚前来告状的百姓，然后，马上微服私访。经过调查，知道河间国贵族、恶霸众多，国王刘政有13个弟弟，都是横行霸道、为非作歹的不法分子。另外，还有许多游民，不去参加劳动生产，而是依仗贵族、恶霸的势力，欺负良民。这样一个王国，要治理起来是很吃力的。

张衡依靠什么呢？他的学问很大，别人多少要尊重他。此外就是依靠法律。汉朝的法律是地主阶级对农民专政的工具，但是法律中有些条文，对地方的暴行也有所限制。像无故杀人、关人、抢夺民女、强占民地这一类不法行为，法律也是要处罚的，事实上，在封建社会，这种法律只能对付人民，不能对付地主，特别不能对付贵族。而张衡到了河间，却坚持依法办事，地主、贵族对他也无可奈何。这就是法律的力量。

张衡调查了具体情况，知道一些恶霸、奸徒的姓名和罪行后，下命令将他们逮捕审讯。他们所造成的冤狱，得到平反；他们抢去的土地、妇女、钱财，责令退还。他们的后台是某些贵族，甚至是国王， 令人感到震惊。有的贵

族企图为坏人说情，张衡一律拒绝。

有些恶霸、奸徒还想等待机会，出来捣乱。张衡坚持依法办事，连国王的不法行为他也加以限制。人民群众很拥护他。那些坏蛋找不到空子钻，只得逃出河间国境。

张衡在河间将近3年，河间的歪风邪气受到打击，生产也得到一定的发展。他的政绩受到当时百姓的称赞，都说他不愧是张堪太守的孙子。

可是，张衡自己对这些事并不满意。他心中苦闷，对河间王的骄奢就看不惯，但是毫无办法。他不得不把每年的租税收入交给国王，供国王挥霍浪费。他惩办奸徒。如果牵连到河间王或其他贵族，就也只能大事化小，小事化无。他只能在力所能及的范围内，为平民百姓做些好事。

在和恶霸、奸徒作斗争的过程中，他是很辛苦的，而且还不断遇到阻挠和挫折。他年纪老了，身体不佳，有些事力不从心。渐渐地，他对河间相的工作感到厌倦了。

地动仪显灵了

“当！”

清脆的响声，惊动了看守地动仪的人。他立即起身去看地动仪，只见西面一只青蛙嘴里衔着一颗铜丸，而这只青蛙上面那只龙嘴里的铜丸却不见了。嗡嗡的声音还在这地下室里回响着。

他立即奔出地下室，报告给灵台丞。灵台丞又赶快骑马进城，报告当时的太史令。太史令很重视这件事，除奏报汉顺帝外，还通知有关的官署。老百姓听到消息的，也赶快往屋外空地跑。

一天过去了，地也没有震动，有些人产生怀疑了。

“怎么，地动仪不灵了吗？”

众人议论纷纷，太史令听了，苦笑着说：

“那是张衡跟我开了个玩笑！”

第二天过去了，人们对地震仪的恐惧逐渐消除了。第三天，人们对地震的事已经淡忘了，只有个别人悄悄地议论着：

“什么地动仪，纯粹胡闹！”

地动仪自公元132年制成后，经历了发生于133年、135年、137年4月 和同年11月的四次地震，每次它都准确地报了出来。有时铜丸落下，人们也同时感到了地震。有时人们还没有感到地震，铜丸早就落下了。所以，地动仪经历了多次考验。但只有这次（138年2月），无声无息，到底是什么原因呢？难道地动仪真的不灵了吗？

第四天，一匹快马进了洛阳城。此人带着紧急公文，这公文是从远处一站一站地轮流传递，一直传递到京城的。街道上的车马行人，对于这种传递公文的驿使，都要让路。

这匹快马到太史令的官署门前。骑马的人一面擦着汗，一面把紧急公文送进官署。

很快地，紧急公文放到了太史令的桌上。

“陇西地震！”

太史令吃惊地惊叫着“城倒了一大段！房屋也坍坏了，压死了人！”

旁边一位官员问：

“是不是三天以前？”

太史令又细看了一下公文，说：

“是的！三天以前！正是地动仪铜丸坠落的时候！”

众官员听了，都赞不绝口说：

“啊！真怪啊！真巧啊！张大人真行啊！”

陇西是一个郡的名称。这个郡位于现在甘肃省南部，郡城位于现在甘肃省临洮县，正是洛阳正西！地动仪西面的铜丸坠落，这说明它所报的地震方向是不错的。

可惜它不能报告地震中心在洛阳以西多远，人们知道，陇西和洛阳相隔500多千米。

500多千米以外的地震，也逃不出地动仪的监视。这个消息传出去，那些怀疑地动仪的准确性的人，惊得目瞪口呆。

“地动仪真了不起！”

张衡在1800多年前制成的地动仪，是世界上最早出现的地动仪。

晚　年

张衡的杰出成就，轰动了洛阳城，也带给他莫大的欢乐。他对妻子说：

“如果我在洛阳，也会怀疑地动仪失灵了！”

他更迫切地思念家乡，于是向皇帝上表，说自己年老多病，没有力量担任河间相的职务。他请求辞职回乡。

汉顺旁看了奏章说：

“这老头子吃了不少苦！要回什么乡？不行！调他来京城做尚书吧。”

在回洛阳的路上，他路过汲县。当时的汲县县令，是他的老朋友崔瑗。他们久别重逢，分外亲热。张衡特别提

到河间的北极星距地平线约达40度，北斗星也比洛阳高，常明星比洛阳多。可是，在洛阳看见的偏南的星，在河间却找不到。

张衡回到洛阳，见到了王符的《潜夫论》。王符一生不做官，他的政论说了别人不敢说的话，都收集在《潜夫论》中。张衡读了，非常赞赏。

这时，马融已经成了著名的经学家（研究儒家经书的专家），学生经常有几百人，有时达到1000多人。

张衡担任尚书，工作比较清闲，他常常到灵台去，看看他创制的水运浑象、候风仪和地动仪。看到这些仪器继续正常地发挥作用，他感到无限快慰。

这位老年科学家，身体一天比一天衰弱了。公元138年冬天，他生了病，第二年就去世了，终年62岁。

张衡虽然去世了，但他在天文学方面的辉煌成就，像北斗星一样，永远闪烁着光芒。

世界五千年科技故事丛书

01. 科学精神光照千秋 ： 古希腊科学家的故事
02. 中国领先世界的科技成就
03. 两刃利剑 ： 原子能研究的故事
04. 蓝天、碧水、绿地 ： 地球环保的故事
05. 遨游太空 ： 人类探索太空的故事
06. 现代理论物理大师 ： 尼尔斯·玻尔的故事
07. 中国数学史上最光辉的篇章 ： 李治、秦九韶、杨辉、朱世杰的故事
08. 中国近代民族化学工业的拓荒者 ： 侯德榜的故事
09. 中国的狄德罗 ： 宋应星的故事
10. 真理在烈火中闪光 ： 布鲁诺的故事
11. 圆周率计算接力赛 ： 祖冲之的故事
12. 宇宙的中心在哪里 ： 托勒密与哥白尼的故事
13. 陨落的科学巨星 ： 钱三强的故事
14. 魂系中华赤子心 ： 钱学森的故事
15. 硝烟弥漫的诗情 ： 诺贝尔的故事
16. 现代科学的最高奖赏 ： 诺贝尔奖的故事
17. 席卷全球的世纪波 ： 计算机研究发展的故事
18. 科学的迷雾 ： 外星人与飞碟的故事
19. 中国桥魂 ： 茅以升的故事
20. 中国铁路之父 ： 詹天佑的故事
21. 智慧之光 ： 中国古代四大发明的故事
22. 近代地学及奠基人 ： 莱伊尔的故事
23. 中国近代地质学的奠基人 ： 翁文灏和丁文江的故事
24. 地质之光 ： 李四光的故事
25. 环球航行第一人 ： 麦哲伦的故事
26. 洲际航行第一人 ： 郑和的故事
27. 魂系祖国好河山 ： 徐霞客的故事
28. 鼠疫斗士 ： 伍连德的故事
29. 大胆革新的元代医学家 ： 朱丹溪的故事
30. 博采众长自成一家 ： 叶天士的故事
31. 中国博物学的无冕之王 ： 李时珍的故事
32. 华夏神医 ： 扁鹊的故事
33. 中华医圣 ： 张仲景的故事
34. 圣手能医 ： 华佗的故事
35. 原子弹之父 ： 罗伯特·奥本海默
36. 奔向极地 ： 南北极考察的故事
37. 分子构造的世界 ： 高分子发现的故事
38. 点燃化学革命之火 ： 氧气发现的故事
39. 窥视宇宙万物的奥秘 ： 望远镜、显微镜的故事
40. 征程万里百折不挠 ： 玄奘的故事
41. 彗星揭秘第一人 ： 哈雷的故事
42. 海陆空的飞跃 ： 火车、轮船、汽车、飞机发明的故事
43. 过渡时代的奇人 ： 徐寿的故事

世界五千年科技故事丛书

44. 果蝇身上的奥秘 ：摩尔根的故事
45. 诺贝尔奖坛上的华裔科学家 ：杨振宁与李政道的故事
46. 氢弹之父—贝采里乌斯
47. 生命，如夏花之绚烂 ：奥斯特瓦尔德的故事
48. 铃声与狗的进食实验 ：巴甫洛夫的故事
49. 镭的母亲 ：居里夫人的故事
50. 科学史上的惨痛教训 ：瓦维洛夫的故事
51. 门铃又响了 ：无线电发明的故事
52. 现代中国科学事业的拓荒者 ：卢嘉锡的故事
53. 天涯海角一点通 ：电报和电话发明的故事
54. 独领风骚数十年 ：李比希的故事
55. 东西方文化的产儿 ：汤川秀树的故事
56. 大自然的改造者 ：米秋林的故事
57. 东方魔稻 ：袁隆平的故事
58. 中国近代气象学的奠基人 ：竺可桢的故事
59. 在沙漠上结出的果实 ：法布尔的故事
60. 宰相科学家 ：徐光启的故事
61. 疫影擒魔 ：科赫的故事
62. 遗传学之父 ：孟德尔的故事
63. 一贫如洗的科学家 ：拉马克的故事
64. 血液循环的发现者 ：哈维的故事
65. 揭开传染病神秘面纱的人 ：巴斯德的故事
66. 制服怒水泽千秋 ：李冰的故事
67. 星云学说的主人 ：康德和拉普拉斯的故事
68. 星辉月映探苍穹 ：第谷和开普勒的故事
69. 实验科学的奠基人 ：伽利略的故事
70. 世界发明之王 ：爱迪生的故事
71. 生物学革命大师 ：达尔文的故事
72. 禹迹茫茫 ：中国历代治水的故事
73. 数学发展的世纪之桥 ：希尔伯特的故事
74. 他架起代数与几何的桥梁 ：笛卡尔的故事
75. 梦溪园中的科学老人 ：沈括的故事
76. 窥天地之奥 ：张衡的故事
77. 控制论之父 ：诺伯特·维纳的故事
78. 开风气之先的科学大师 ：莱布尼茨的故事
79. 近代科学的奠基人 ：罗伯特·波义尔的故事
80. 走进化学的迷宫 ：门捷列夫的故事
81. 学究天人 ：郭守敬的故事
82. 攫雷电于九天 ：富兰克林的故事
83. 华罗庚的故事
84. 独得六项世界第一的科学家 ：苏颂的故事
85. 传播中国古代科学文明的使者 ：李约瑟的故事
86. 阿波罗计划 ：人类探索月球的故事
87. 一位身披袈裟的科学家 ：僧一行的故事